史記菁華錄

冊六

司馬遷 著

白山出版社

張儀列傳

題解 《張儀列傳》選自《史記》卷七十，列傳第十。戰國時期，七雄并立，出現了縱橫家。合縱家以蘇秦著名，主張合縱抗秦；連橫家以張儀著名，主張連橫抗楚。本篇主要記叙了連橫家張儀的事迹。

原文 張儀者，魏人也。始嘗與蘇秦俱事鬼谷先生，學術，蘇秦自以不及張儀。

張儀已學游說諸侯。嘗從楚相飲，已而楚相亡璧，門下意張儀，曰：『儀貧無行，必此盜相君之璧。』共執張儀，掠笞數百，不服，醳之。其妻曰：『嘻！子毋讀書游說，安得此辱乎？』張儀謂其妻曰：『視吾舌尚在不？』其妻笑曰：『舌在也。』儀曰：『足矣。』

譯文 張儀是魏國人，當初曾與蘇秦一同拜在鬼谷先生門下，學習游說之術，蘇秦認爲自己的才學比不上張儀。

蘇秦合縱相六國

張儀完成了學業之後，就去游說諸侯。有一次，他在楚國丞相令尹那裏赴宴飲酒，散席後，令尹遺失了一塊他佩戴在身上的玉璧，相府的門客都懷疑是張儀偷了玉璧，說：『張儀這個人，既貧窮又品行惡劣，一定是他偷了丞相的玉璧！』於是大家一起捉住了張儀，拷打了他幾百竹板。張儀始終沒有承認，大家衹好釋放了他。他的妻子既悲又恨說：『唉，你要是不曾去讀書游說，又怎麼會遭受這樣的屈辱呢？』張儀對他的妻子說：『你看看我的舌頭還在不在？』他的妻子笑着回答：『舌頭還在呢。』張儀說：『這樣就已經足夠了。』

原文 蘇秦已說趙王而得相約從①親，然恐秦之攻諸侯，敗約後負，念莫可使用於秦者，乃使人微感張儀曰：『子始與蘇秦徐廣云一作『丈二檄』。王劭按春秋後語云『丈二尺檄』。許慎云『檄，二尺書』。

善，今秦已當路，子何不往游，以求通子之原？』張儀於是之趙，上謁求見蘇秦。蘇秦乃誡門下人不爲通，又使不得去者數日。已而見之，坐之堂下，賜僕妾之食。因而數讓之曰：『以子之材能，乃自令困辱至此。吾寧不能言而富貴子，子不足收也。』謝去之。張儀之來也，自以爲故人，求益，反見辱，怒，念諸侯莫可事，獨秦能苦趙，乃遂入秦。

蘇秦已而告其舍人曰：『張儀，天下賢士，吾殆弗如也。今吾幸先用，而能用秦柄者，獨張儀可耳。然貧，無因以進。吾恐其樂小利而不遂，故召辱之，以激其意。子爲我陰奉之。』乃言趙王，發金幣車馬，使人微隨張儀，與同宿舍，稍稍近就之，奉以車馬金錢，所欲用，爲取給，而弗告。張儀遂得以見秦惠王。惠王以爲客卿，與謀伐諸侯。

蘇秦之舍人乃辭去。張儀曰：『賴子得顯，方且報德，何故去也？』舍人曰：『臣非知君，知君乃蘇君。蘇君憂秦伐趙敗從約，以爲非君莫能得秦柄，故感怒君，使臣陰奉給君資，盡蘇君之計謀。今君已用，請歸報。』張儀曰：『嗟乎，此在吾術中而不悟，吾不及蘇君明矣！吾又新用，安能謀趙乎？爲吾謝蘇君，蘇君之時，儀何敢言。且蘇君在，儀寧渠能乎！』張儀既相秦，爲文檄告楚相曰：『始吾從若飲，我不盜而璧，若笞我。若善守汝國，我顧且盜而城！』

注釋 ①從：通『縱』。

譯文 此時，蘇秦已經說服了趙王同意與除秦國外的另外六國合縱相親，締結合縱相親聯盟，但是蘇秦又擔心秦國乘機攻打各諸侯國而使得各國諸侯背棄盟約，從而招致盟約在沒有締結之前就遭到了破壞。他反復考慮了多次，還是沒有找到一個能派往秦國爲他工作的合適人選，於是他派人暗中引導張儀說：『你當初與蘇秦的交情很好，現在他已經當權，你爲什麼不去結交他，用以實現功成名就的志向呢？』張儀於是到了趙國，呈上名帖，請求拜見蘇秦。蘇秦卻早已告誡了守門的人不替張儀稟報，又設法讓他好幾天不能離開，然後才接見他，把他安排在堂下坐着，賞給他的飯菜是丫環僕人們吃的，并多次責備張儀說：『像你這樣有才能的人，卻讓自己窮困潦倒到了這種地步。難道我沒有能力推薦你并使你富貴嗎？衹是因爲你不值得錄用罷了！』蘇秦說完就把張儀打發走了。張儀這次本是來投奔蘇秦的，自認爲是老朋友了，能夠得到一些好處，不料反而被羞辱，很氣憤，又考慮到各國諸侯中沒有可以去侍奉的，唯獨秦國才能威脅趙國，於是就到秦國去了。

張儀離開後不久，蘇秦告訴自己的門客說：『張儀是天下有才能的人，我大概比不上他啊。現在我僥幸比他先受到重用，但是說到能夠掌握秦國大權的人，衹有張儀才行。然而他目前很貧窮，沒有進用的機會。我擔心他爲了滿足小的利益，不再進取，不能成就大的功業，所以把他召來當面羞辱他，用這種方式來激發他的意志。請你替我暗中幫助他吧。』蘇秦將自己的打算奏明趙王以後，拿出金錢、財物和車馬，派人暗中跟隨張儀，與張儀投宿在同一間客棧，逐漸地接近他，還拿出車馬錢財供他使用，凡是張儀需要的，都能供給他，卻并沒有告訴他實情。張儀終於得以拜見秦惠王。秦惠王任用張儀做客卿，與他商議攻打各國諸侯的計劃。

蘇秦派來的門客這才打算離開，向張儀告辭，張儀說：『因爲您的鼎力相助，我才得到顯赫的地位，正打算報答您的恩德，爲什麼選擇離開我呢？』這位門客回答說：『我并不了解您，真正了解您的是蘇先生啊！蘇先生擔心秦國攻打趙國而使他的合縱盟約不能成功，認爲除了您沒有誰能掌握秦國的大權，因此故意激怒您，然後派我暗中向您供給錢財，這一切都是蘇先生事先計劃好的。現在您已經得到了重用，請讓我返回趙國向蘇先生復命。』張儀說：『唉！這些權謀都是我曾經研習過的，而我卻沒有察覺出來，我沒有蘇先生高明是明白無疑的了。況且我剛剛被任用，又怎麼能圖謀攻打趙國呢？請您替我感謝蘇先生，衹要蘇先生當權，我張儀怎麼敢妄言攻打趙國呢？況且衹要是蘇先生當政，我張儀哪裏具備這個能力呢！』張儀出任秦國的相國後，寫信警告楚國的丞相說：『當初我陪你飲酒，并沒有盜竊你的玉璧，可你卻打了我竹板。你要好好地守住你的國家，我馬上將要盜取你的城池。』

原文　苴蜀相攻擊，各來告急於秦。秦惠王欲發兵以伐蜀，以爲道險狹難至，而韓又來侵秦，秦惠王欲先伐韓，後伐蜀，恐不利，欲先南陽，懷州也。是當屯留之道，令魏絕斷壞羊腸、韓上黨之路也。

伐蜀，恐韓襲秦之敝。猶豫未能決。司馬錯與張儀爭論於惠王之前，司馬錯欲伐蜀，張儀曰：『不如伐韓。』王曰：『請聞其說。』

儀曰：『親魏善楚，下兵三川，塞什谷之口，當屯留之道，魏絕南陽，楚臨南鄭，秦攻新城、宜陽，以臨二周之郊，誅周王之罪，侵楚、魏之地。周自知不能救，九鼎寶器必出。據九鼎，案圖籍，挾天子以令於天下，天下莫敢不聽，此王業也。今夫蜀，西僻之國而戎翟之倫也，敝兵勞眾不足以成名，得其地不足以爲利。臣聞爭名者於朝，爭利者於市。今三川、周室，天下之朝市也，而王不爭焉，顧爭於戎翟，去王業遠矣。』

司馬錯曰：『不然。臣聞之，欲富國者務廣其地，欲強兵者務富其民，欲王者務博其德，三資者備而王隨之矣。今王地小民貧，故臣原先從事於易。夫蜀，西僻之國也，而戎翟之長也，有桀紂之亂。以秦攻之，譬如使豺狼逐群羊。得其地足以廣國，取其財足以富民繕兵，不傷眾而彼已服焉。拔一國而天下不以爲暴，利盡西海而天下不以爲貪，是我一舉而名實附也，而又有禁暴止亂之名。今攻韓，劫天子，惡名也，而未必利也，又有不義之名，而攻天下所不欲，危矣。臣請謁其故：周，天下之宗室也；齊，韓之與國也。周自知失九鼎，韓自知亡三川，將二國并力合謀，以因乎齊、趙而求解乎楚、魏，以鼎與楚，以地與魏，王弗能止也。此臣之所謂危也。不如伐蜀完。』

惠王曰：『善，寡人請聽子。』卒起兵伐蜀，十月，取之，遂定蜀，貶蜀王更號爲侯，而使陳莊相蜀。蜀既屬秦，秦以益強，富厚，輕諸侯。

譯文

苴國和蜀國相互進犯，分別來秦國告急求援。秦惠王打算出動軍隊討伐蜀國，又考慮到蜀道險要、狹窄，不容易到達。這時韓國又借機侵犯秦國。秦國想先攻打韓國，然後再討伐蜀國，擔心不能取勝；想先攻打蜀國，又擔心韓國趁秦軍久戰疲敝前來偷襲。秦惠王因此猶豫不決，拿不定主意。司馬錯與張儀在秦惠王面前爭論不休，司馬錯主張討伐蜀國，張儀說：『不如先攻打韓國。』秦惠王說：『請讓我聽一聽你們各自的理由。』

張儀說：『我們先與魏國相親，與楚國交好，然後派兵前往三川，堵住什谷的入口，阻塞屯留的要道，使魏國到韓國南陽的道路斷絕，讓楚國出兵逼近南鄭，秦國則攻打新城、宜陽，從而徑直逼近西周、東周的城郊，聲討周王的罪過，再攻占楚國、魏國的土地。周王自知局勢無法挽救，一定會獻出九鼎寶器。秦國占有了九鼎寶器，掌握着天下的地圖和戶籍，這樣一來就可以挾持周天子而向天下發號施令，天下各諸侯國沒有誰敢不聽從。這正是統一天下的大業啊！如今，看那蜀國，不過是西邊偏遠的國家，像戎狄一樣的落後頭領。我們去攻打它，搞得士兵疲敝、百姓勞苦，也不能達到揚名天下的目的，奪取了他們的土地，也得不到實際的利益。我聽說過這樣的話：追求名位要到朝廷去，追求利益要到集市上去。如今的三川、周室就如同天下的朝廷和集市啊，大王您不到那裏去爭奪，反而到戎狄那樣落後的地區去爭奪，這距離您帝王的功業太遙遠了。』

司馬錯說：『不是這樣。我聽說想要使國家富強的人，一定要開拓他的疆土；想要使軍隊強大的人，一定要使百姓富裕；想要統一天下的人，一定要廣施德政。具備了這三個條件，帝王之業也就水到渠成了。現在大王的疆土還狹小，百姓還貧窮，所以我希望先從容易辦到的事情做起。蜀國是西方偏遠的國家，卻是戎狄的首領，已經發生了類似夏桀、商紂那樣的禍亂。出動秦國強大的軍隊去攻打它，就如同讓豺狼去驅趕羊群一樣。占領了蜀國的土地，就可以擴大秦國的疆土，奪取蜀國的財富，就可以使百姓富裕，整治軍隊，用不着損兵折將就可以使蜀國臣服。我們攻克了一個蜀國，而天下的人并不認爲我們殘暴；占有了蜀國所有的財富，而天下的人并不認爲我們貪婪。所以，衹是出動軍隊這樣一個舉動就能名利雙收，而且還可以獲得禁止暴亂的美名。現在如果去攻打韓國，劫持周天子，是非常不好的名聲，而且未必能夠得到實際的利益，還會落得不義的醜名，所以攻打韓國這個天下人都不願意攻打的國家，是非常危險的。請求大王允許我陳述理由：周王室是天下共有的宗室，是與齊國、韓國交往密切的國家。周王室料到自己將要失去傳國的九鼎，韓國料到自己將要失去三川，這兩個國家勢必會通力合作，依賴齊國、趙國的力量，與楚國、魏國謀求和解，如果周王室把九鼎寶器送給楚國，韓國將土地割讓給魏國，大王是不可能阻止的，這就是我所說的危險所在啊，所以比不上攻打蜀國那樣穩妥。』

秦惠王說：『好，我就聽從你的意見吧。』最終起兵討伐蜀國。當年十月就攻占了蜀國。平定了蜀國的暴亂後，貶謫蜀王，改封號爲蜀侯，并派遣陳莊擔任蜀的相國。蜀國歸屬秦國以後，秦國因此變得更加強大，富裕了，對其他各國諸侯更加輕視了。

【原文】秦惠王十年，使公子華與張儀圍蒲陽，降之。儀因言秦復與魏，而使公子繇質於魏。儀因說魏王曰：『秦王之遇魏甚厚，魏不可以無禮。』魏因入上郡、少梁，謝秦惠王。惠王乃以張儀爲相，更名少梁曰夏陽。

儀相秦四歲，立惠王爲王。居一歲，爲秦將，取陝。築上郡塞。

其後二年，使與齊、楚之相會齧桑。東還而免相，相魏以爲秦，欲令魏先事秦而諸侯效之。魏王不肯聽儀。秦王怒，伐取魏之曲沃、平周，復陰厚張儀益甚。張儀慚，無以歸報。留魏四歲而魏襄王卒，哀王立。張儀復說哀王，哀王不聽。於是張儀陰令秦伐魏。魏與秦戰，敗。

明年，齊又來敗魏於觀津。秦復欲攻魏，先敗韓申差軍，斬首八萬，諸侯震恐。而張儀復說魏王曰：『魏地方不至千里，卒不過三十萬。地四平，諸侯四通輻湊，無名山大川之限。從鄭至梁二百餘里，車馳人走，不待力而至。梁南與楚境，西與韓境，北與趙境，東與齊境，卒戍四方，守亭鄣者不下十萬。梁之地勢，固戰場也。梁南與楚而不與齊，則齊攻其東；東與齊而不與趙，則趙攻其北；不合於韓，則韓攻其西；不親於楚，則楚攻其南：此所謂四分五裂之道也。且夫諸侯之爲從者，將以安社稷尊主強兵顯名也。今從者一天下，約爲昆弟，刑白馬以盟洹水之上，以相堅也。而親昆弟同父母，尚有爭錢財，而欲恃詐僞反覆蘇秦之餘謀，其不可成亦明矣。

『大王不事秦，秦下兵攻河外，據卷、衍、燕、酸棗，劫衛取陽晉，則趙不南，趙不南而梁不北，梁不北則從道絶，從道絶則大王之國欲毋危不可得也。秦折韓而攻梁，韓怯於秦，秦韓爲一，梁之亡可立而須也。此臣之所爲大王患也。

『爲大王計，莫如事秦。事秦則楚、韓必不敢動；無楚、韓之患，則大王高枕而臥，國必無憂矣。

『且夫秦之所欲弱者莫如楚，而能弱楚者莫如梁。楚雖有富大之名而實空虛；其卒雖多，然而輕走易北，不能堅戰。悉梁之兵南面而伐楚，勝之必矣。割楚而益梁，虧楚而適秦，嫁禍安國，此善事也。大王不聽臣，秦下甲士而東伐，雖欲事秦，不可得矣。

『且夫從人多奮辭而少可信，說一諸侯而成封侯，是故天下之游談士莫不日夜搤腕瞋目切齒以言從之便，以說人主。人主賢其辯而牽其說，豈得無眩哉。

『臣聞之，積羽沈舟，群輕折軸，衆口鑠金，積毀銷骨，故願大王審定計議，且賜骸骨辟魏。』

哀王於是乃倍從約而因儀請成於秦。張儀歸，復相秦。三歲而魏復背秦爲從。秦攻魏，取曲沃。明年，魏復事秦。

譯文

秦惠王十年，惠王派遣公子華和張儀率領軍隊圍攻魏國的蒲陽，使之降服了。張儀建議秦王把蒲陽歸還給魏國，并派公子繇到魏國做人質。張儀又趁機勸告魏王說：『秦國對魏國如此寬厚仁德，魏國不可以不以禮相報。』魏國因此把上郡、少梁獻給了秦國，用以答謝秦惠王。惠王於是任用張儀爲相國，并把少梁更名爲夏陽。

張儀擔任秦國的相國四年，正式擁戴秦惠王爲王。又過了一年，張儀擔任秦國的將軍，率領軍隊攻取了陝邑，在上郡脩築要塞。

這以後又過了兩年，秦王派張儀到齧桑，與齊國相國和楚國相國盟會。張儀從東方回國後，被免掉了相國的職位，爲了秦國的利益，他去魏國擔任相國，打算使魏國首先稱臣侍奉秦國，然後再讓其他各諸侯國仿效魏國。但魏王不肯聽從張儀的建議。秦王大發雷霆，立刻出動軍隊攻取了魏國的曲沃、平周兩城，同時暗中給張儀比以前更加優厚的待遇。張儀覺得很慚愧，感到沒有什麼來回敬報答秦王。張儀留任魏國四年後，魏襄王去世了，魏哀王登基爲王。張儀又勸說魏哀王歸附秦國，哀王還是沒有聽從。於是張儀暗中讓秦國攻打魏國。魏發兵與秦國交戰，被秦國打敗。

第二年，齊國也來攻打魏國，在觀津打敗了魏軍。秦國想要再次攻打魏國，先打敗了韓國申差率領的軍隊，斬殺了八萬官兵，使各國諸侯都爲之驚恐萬分。張儀於是再次游說魏王說：『魏國的領土縱橫不到一千里，士兵不超過三十萬。四周地勢平坦，像車軸的中心一樣與各國諸侯四通八達，又沒有高山大河的隔絕。從新鄭到大梁不過二百多里的路程，不論是戰車還是步兵，都不用花費多少力氣就已經到了。魏國的南邊與楚國接壤，西邊與韓國連接，北邊與趙國靠近，東邊與齊國相連。如果要有軍隊戍守在四方邊境，衹是守衛邊塞堡壘的兵士就需要十萬以上。魏國的地勢，自來就是一個戰場。

如果魏國向南邊與楚交好而不與東邊的齊國交好，那麼齊國就會在東邊攻打魏國；如果魏國與東邊的齊國友好而不與趙國交好，那麼，趙國就會在北邊攻打魏國；如果魏國與韓國不和，那麼韓國就會在西邊攻打魏國；如果魏國與楚國不親，那麼楚國就會在南邊侵犯魏國。這正是人們所說的四分五裂的地理形勢啊。況且，各國諸侯締結合縱結盟的目的，是想憑借它求得國家安寧、君主尊崇、軍隊強大，從而使本國名聲顯赫。如今，那些主張合縱的國家想把天下當作一家，他們互相結爲兄弟，在洹水邊上宰殺白馬，歃血爲盟，用以表示恪守盟約的堅定信念。然而，即使是同一父母所生的親兄弟，尚且還會發生爭奪錢財的事，那麼合縱各國打算憑借蘇秦虛僞欺詐、反復無常的謀略來維持國家的安定，這樣做一定會遭到失敗是非常明顯的了。

『假如大王不歸附秦國，秦國就會出兵攻打黄河以南的地區，占領卷、衍、燕、酸棗等地，劫持衛國，奪取陽晉，那麼趙國的軍隊就不能南下支援魏國；趙國的軍隊不能南下支援魏國，而魏國的軍隊也不能北上與趙國的軍隊相呼應；合縱聯盟的的通道就被斷絕了；合縱聯盟的道路一旦被斷絕，大王的國家要想不遭受危難是不可能的。秦國使韓國屈服，進而攻打魏國，韓國害怕秦國，與秦國合爲一劉氏云：『商即今之商州，有古商城；其西二百餘里有古於城。』

體，那麼魏國的滅亡就近在眼前了。這就是我之所以替大王擔憂的緣故啊。

『現在爲大王着想，最好是侍奉秦國。如果您侍奉秦國，那麼楚國、韓國一定不敢輕舉妄動；沒有了韓國、楚國前來侵擾的外患，大王就可以高枕無憂了，國家一定沒有什麼值得憂慮的事情了。

『況且，秦國最想削弱的國家莫過於楚國，而最能削弱楚國的國家莫過於魏國。楚國雖然有百姓富足、國家強大的名聲，而實際上卻很空虛；它的軍隊雖然士兵衆多，然而總是輕易地臨陣敗逃，不能夠艱苦奮戰。假如魏國調集全部軍隊南下攻打楚國，打敗楚國是可以肯定的。割裂楚國使魏國得到好處；毀損楚國，取悅了秦國，轉嫁了災禍，使自己的國家安定，這是一件好事啊。假如大王不聽從我的建議，秦國就會出動精銳部隊向東邊進攻魏國，那時魏國再想投奔秦國，是不可能的了。

『再說，那些主張合縱的人，他們大多衹會講大話，而很少是值得信賴的，他們衹想游說一個國君，達到被賜封爲侯的目的，所以天下從事游說的人沒有不隨時隨地緊握手腕、瞪大眼睛、慷慨陳詞，宣揚合縱的好處，用以打動各國的君主。君主贊賞他們的口才，覺得他們說得很好而受到影響，又怎麼可能不被迷惑呢？

『我聽說，羽毛雖然很輕，但堆積多了也能把船壓沉；貨物雖然很輕，但裝載多了也能壓斷車軸；衆口所毀，即使是金石也能銷熔，衆多的誹謗，即使是骨肉之親也可以毀滅。所以我請求大王慎重地擬定正確的策略，并請您允許我辭職離開魏國。』

於是，魏哀王背棄了合縱盟約，通過張儀，請求與秦國結交。張儀回到秦國後，重新擔任相國。三年後，魏國又背棄了秦國，重新加入合縱盟約。秦國就出動軍隊攻打魏國，奪取了魏國的曲沃城。第二年，魏國又再次歸附秦國。

原文 秦欲伐齊，齊楚從親，於是張儀往相楚。楚懷王聞張儀來，虛上舍而自館之。曰：『此僻陋之國，子何以教之？』儀說楚王曰：『大王誠能聽臣，閉關絕約於齊，臣請獻商於之地六百里，使秦女得爲大王箕帚之妾，秦楚娶婦嫁女，長爲兄弟之國。此北弱齊而西益秦也，計無便此者。』楚王大說而許之。群臣皆賀，陳軫獨吊之。楚王怒曰：『寡人不興師發兵得六百里地，群臣皆賀，子獨吊，何也？』

陳軫對曰：『不然，以臣觀之，商於之地不可得而齊秦合，齊秦合則患必至矣。』楚王曰：『有臣聞之，積羽乎？』陳軫對曰：『夫秦之所以重楚者，以其有齊也。今閉關絕約於齊，則楚孤。秦奚貪夫孤國，而與之商於之地六百里？張儀至秦，必負王，是北絕齊交，西生患於秦也，而兩國之兵必俱至。善爲王計者，不若陰合而陽絕於齊，使人隨張儀。苟與吾地，絕齊未晚也；不與吾地，陰合謀計也。』楚王曰：『原陳子閉口毋復言，以待寡人得地。』乃以相印授張儀，厚賂之。於是遂閉關絕約於齊，使一將軍隨張儀。

張儀至秦，詳失綏墮車，不朝三月。楚王聞之，曰：『儀以寡人絕齊未甚邪？』乃使勇士至宋，借宋之符，北罵齊王。齊王大怒，折節而下秦。秦齊之交合，張儀乃朝，謂楚使者曰：『臣有奉邑六里，原以獻大王左右。』楚使者曰：『臣受令於王，以商於之地六百里，

不聞六里。』還報楚王，楚王大怒，發兵而攻秦。陳軫曰：『軫可發口言乎？攻之不如割地反以賂秦，與之并兵而攻齊，是我出地於秦，取償於齊也，王國尚可存。』楚王不聽，卒發兵而使將軍屈匄擊秦。秦齊共攻楚，斬首八萬，殺屈匄，遂取丹陽、漢中之地。楚又復益發兵而襲秦，至藍田，大戰，楚大敗，於是楚割兩城以與秦平。

譯文 秦國想要攻打齊國，然而齊國和楚國都參加了合縱盟約，兩國的關係十分密切，秦王便派遣張儀去楚國擔任相國。楚懷王聽說張儀來到了楚國，安排他住在上等賓館，并親自去賓館接待張儀。楚懷王問張儀道：『我的楚國是個偏遠、鄙陋的國家，您有什麼要指教我的嗎？』張儀游說楚懷王說：『大王如果真的能夠聽從我的建議，就和齊國斷絕往來，解除盟約，我願意請求秦王獻給楚國商於一帶方圓六百里的地方，讓秦王把女兒嫁給您做妻子，秦、楚兩國之間娶妻嫁女，永遠結爲兄弟國家。這樣將可以向北削弱齊國，而西面的秦國也得到了好處，沒有比這更好的策略了。』楚懷王非常高興地聽從了張儀的建議。大臣們都來向楚懷王表示祝賀，唯獨陳軫向楚懷王表示哀悼。楚懷王憤怒地說：『我

用不着出動軍隊就得到了六百里的土地，大臣們都向我表示祝賀，唯獨你要表示哀悼，這是爲什麽？』陳軫回答說：『事情不是這樣的。按照我的看法，大王不僅不能得到商於一帶的土地，而且齊國和秦國還可能聯合起來，齊、秦兩國一旦聯合起來，那麽楚國一定會大禍臨頭。』楚懷王說：『有什麽理由嗎？』陳軫回答說：『秦國之所以重視楚國，是因爲楚國與背後的齊國結盟了。如今楚國要廢除盟約，與齊國斷絕往來，那麽楚國就會孤立無援，秦國爲什麽重視一個孤立無援的楚國，而奉送它六百里土地呢？張儀回到秦國後，一定會背棄向大王的承諾。這樣一來，楚國在北面與齊國斷絕了盟約關係，在西面從秦國招來禍患，兩國的軍隊一定會同時攻打楚國。我妥善地替大王想出了對策，不如暗中與齊聯合，但表面上與齊國斷絕關係，并派人跟隨張儀去秦國。假如秦國給了我們土地，再與齊國斷絕關係也不算晚；假如秦國不給我們土地，那就符合了我們的策略。』楚懷王說：『希望你把嘴巴閉上，不要再說話了，等着看我得到秦國的土地吧。』於是楚懷王將楚國的相印授給了張儀，還饋贈了大量禮物。於是就和齊國斷絕了關係，廢除了盟約，派了一員將軍跟着張儀前往秦國。

張儀到達秦國後，在上車時假裝沒有拉住繩子而從車上掉下來，摔傷了，因此三個月沒有上朝。楚懷王聽說這件事後，說：『張儀是因爲我與齊國斷交得不夠徹底吧？』於是派勇士前往宋國，借了宋國的符節，進入北邊的齊國，大罵齊王。齊王非常憤怒，折斷符節，歸附了秦國。秦國與齊國建立了邦交後，張儀才上朝，對楚國的使臣說：『我有秦王所賜的六里封地，願意把它獻給你們大王。』楚國的使臣說：『我奉楚王的命令，來接受商於六百里的土地，不曾聽說是六里。』使臣回國向楚懷王復命，楚懷王雷霆大怒，立刻出動軍隊攻打秦國。陳軫說：『我可以開口說話了嗎？與其攻打秦國，還不如反過來割讓土地賄賂秦國，再與秦國聯合攻打齊國，這樣我們雖然割讓土地給了秦國，但是可以占領齊國的土地得到補償，大王的國家還能夠保存。』楚懷王沒有聽從，最終還是出兵了，派將軍屈匄攻打秦國。秦國與齊國共同攻打楚國，斬殺了八萬楚兵，殺死了屈匄，接着攻取了楚國的丹陽、漢中等地。楚國又派出更多的軍隊去襲擊秦國，在藍田與秦軍展開了大規模的作戰，楚軍大敗，於是楚國又割讓了兩座城池給秦國，同秦國議和。

【原文】秦要楚欲得黔中地，欲以武關外易之。楚王曰：『不原易地，原得張儀而獻黔中地。』秦王欲遣之，口弗忍言。張儀乃請行。惠王秦王不欲出張儀使楚，若欲自行，今秦欲以上庸地及美人贖儀。

曰：『彼楚王怒子之負以商於之地，是且甘心於子。』張儀曰：『秦強楚弱，臣善靳尚，尚得事楚夫人鄭袖，袖所言皆從。且臣奉王之節使楚，楚何敢加誅。假令誅臣而爲秦得黔中之地，臣之上原。』遂使楚。楚懷王至則囚張儀，將殺之。靳尚謂鄭袖曰：『子亦知子之賤於王乎？』鄭袖曰：『何也？』靳尚曰：『秦王甚愛張儀而不欲出之，今將以上庸之地六縣賂楚，美人聘楚，以宮中善歌謳者爲媵。楚王重地尊秦，秦女必貴而夫人斥矣。不若爲言而出之。』於是鄭袖日夜言懷王曰：『人臣各爲其主用。今地未入秦，秦使張儀來，至重王。王未有禮而殺張儀，秦必大怒攻楚。妾請子母俱遷江南，毋爲秦所魚肉也。』懷王後悔，赦張儀，厚禮之如故。

譯文

秦國要挾楚國，想得到楚國黔中一帶的土地，方式是用武關以外的土地交換。楚王說：『我不願意交換土地，衹要得到張儀，願意獻出黔中地區。』秦王想要派遣張儀去楚國，但不忍心說出來。於是張儀自己請求前往楚國。秦惠王說：『楚王惱恨您背棄了奉送商於之地的承諾，這是要存心報復您。』張儀說：『秦國強大，楚國弱小，我和楚國的大夫靳尚的關係友好，靳尚能夠去奉承楚王的夫人鄭袖，而鄭袖說的話楚王是全部聽從的。況且我是奉大王的命令出使楚國的，楚國怎敢殺害我呢。假如殺了我而替秦國取得黔中地區，這也是我的最大願望。』於是張儀出使楚國。楚懷王在張儀一到楚國後就把他囚禁了起來，打算殺掉他。靳尚對鄭袖說：『您知道您將要被楚王拋棄嗎？』鄭袖問道：『爲什麼呢？』靳尚說：『秦王非常寵信張儀，一定會把他從監牢中救出來。打算用上庸所屬的六個縣的土地賄賂楚國，把美女嫁到楚王，用秦宮中擅長歌舞的女子作爲陪嫁。楚王看重土地，就會敬重秦國，秦國的美女一定會受到寵愛而

鄭袖向楚懷王進讒言

變得尊貴，這樣，夫人就會被鄙棄了。不如向大王替張儀說情，請求釋放他。』鄭袖於是日夜不停地向楚懷王進言說：『作爲臣子，要各自爲他們的君主效勞。現在土地還沒有交給秦國，秦王就派遣張儀前來，這可是對大王尊重到了極點。大王還沒有回禮，反而要殺掉張儀，秦王一定會大怒，進而出兵攻打楚國。我請求讓我們母子二人搬到江南去住，以免像魚肉一樣被秦兵殘害。』楚懷王後悔了，赦免了張儀，像過去一樣優厚地對待他。

原文

張儀既出，未去，聞蘇秦死，乃說楚王曰：『秦地半天下，兵敵四國，被險帶河，四塞以爲固。虎賁之士百餘萬，車千乘，騎萬匹，積粟如丘山。法令既明，士卒安難樂死，主明以嚴，將智以武，雖無出甲，席卷常山之險，必折天下之脊，天下有後服者先亡。且夫爲從者，無以異於驅群羊而攻猛虎，虎之與羊不格明矣。今王不與猛虎而與群羊，臣竊以爲大王之計過也。

『凡天下強國，非秦而楚，非楚而秦，兩國交爭，其勢不兩立。

大王不與秦，秦下甲據宜陽，韓之上地不通。下河東，取成皋，韓必入臣，梁則從風而動。秦攻楚之西，韓、梁攻其北，社稷安得毋危？

『且夫從者聚群弱而攻至強，不料敵而輕戰，國貧而數舉兵，危亡之術也。臣聞之，兵不如者勿與挑戰，粟不如者勿與持久。夫從人飾辯虛辭，高主之節，言其利不言其害，卒有秦禍，無及爲已。是故願大王之孰計之。

『秦西有巴蜀，大船積粟，起於汶山，浮江已①下，至楚三千餘里。舫船載卒，一舫載五十人與三月之食，下水而浮，一日行三百餘里，裏數雖多，然而不費牛馬之力，不至十日而距扞關。扞關驚，則從境以東盡城守矣，黔中、巫郡非王之有。秦舉甲出武關，南面而伐，則北地絕。秦兵之攻楚也，危難在三月之內，而楚待諸侯之救，在半歲之外，此其勢不相及也。夫恃弱國之救，忘強秦之禍，此臣所以爲大王患也。

『大王嘗與吳人戰，五戰而三勝，陣卒盡矣；偏守新城，存民苦矣。臣聞功大者易危，而民敝者怨上。夫守易危之功而逆強秦之心，臣竊爲大王危之。

『且夫秦之所以不出兵函谷十五年以攻齊、趙者，陰謀有合天下之心。楚嘗與秦構難，戰於漢中，楚人不勝，列侯執珪死者七十餘人，遂亡漢中。楚王大怒，興兵襲秦，戰於藍田。此所謂兩虎相搏者也。夫秦楚相敝而韓魏以全制其後，計無危於此者矣。原大王孰計之。

『秦下甲攻衛陽晉，必大關天下之匈②。大王悉起兵以攻宋，不至數月而宋可舉，舉宋而東指，則泗上十二諸侯盡王之有也。

『凡天下而以信約從親相堅者蘇秦，封武安君，相燕，即陰與燕王謀伐破齊而分其地；乃詳有罪出走入齊，齊王因受而相之；居二年

而覺，齊王大怒，車裂蘇秦於市。夫以一詐僞之蘇秦，而欲經營天下，混一諸侯，其不可成亦明矣。

『今秦與楚接境壤界，固形親之國也。大王誠能聽臣，臣請使秦太子入質於楚，楚太子入質於秦，請以秦女爲大王箕帚之妾，效萬室之都以爲湯沐之邑，長爲昆弟之國，終身無相攻伐。臣以爲計無便於此者。』

於是楚王已得張儀而重出黔中地與秦，欲許之。屈原曰：『前大王見欺於張儀，張儀至，臣以爲大王烹之；今縱弗忍殺之，又聽其邪說，不可。』懷王曰：『許儀而得黔中，美利也。後而倍之，不可。』故卒許張儀，與秦親。

注釋 ①已：通『以』。②匈：同『胸』，胸膛。

譯文 張儀被釋放之後，還沒來得及離開楚國，就聽說蘇秦去世了，於是向楚王游說說：『秦國

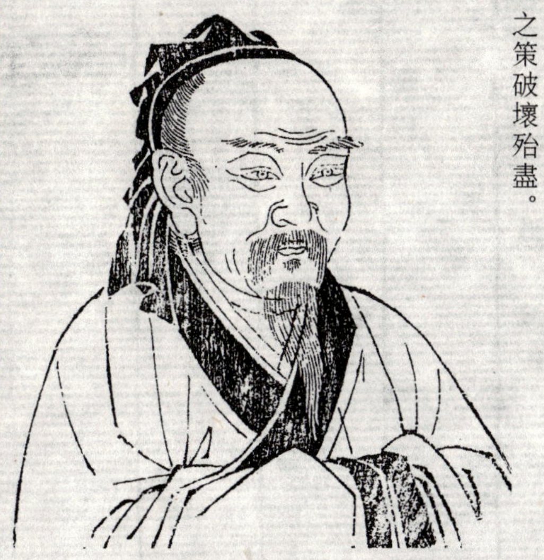

屈原

在秦、楚、齊三國中，秦和楚又是最有可能統一六國的國家，而且秦占優勢。所以楚國衹有和齊國聯合，才能和秦國相對抗。而秦衹有破壞了齊楚聯盟，才能遠交近攻，各個擊破，實現統一六國的大業。屈原在外交上主張齊楚結盟，但却被張儀的『連橫』之策破壞殆盡。

的土地占據了天下的一半，軍隊的實力足以抵擋四方的國家，四境都占據險要位置，有黃河圍繞，四周都設有要塞可以堅守。擁有勇武的戰士一百多萬，戰車千輛，戰馬萬匹，貯存的糧食堆積如山。法令嚴明，士兵們都不避艱難危險甘願赴死，國君賢明而且威嚴，將帥有謀略而且勇武，即使沒有出動軍隊，它的聲威就能席卷險要的常山，折斷天下的脊梁。天下凡是後歸降的國家一定會先遭受滅亡。再說那些合縱的國家想要與秦國一較高低，無異於驅趕着羊群進攻凶猛的老虎，猛虎和綿羊不能成爲匹敵的對手是非常明顯的。如今大王不去親附猛虎，反而去親附一群綿羊，我私下認爲大王的策略失誤了。

『如今天下的強國，不是秦國就是楚國，不是楚國就是秦國，兩國互相攻打，照這種形勢發展下去，不可能使兩個國家都存在下去。如果大王不親附秦國，秦國將會發兵攻占宜陽，韓國上郡就被切斷而不能通行。秦國再出兵攻取河東，占據成皋，韓國一定會向秦國稱臣投降，魏國也會趁機采取行動，秦國進攻楚國的西邊，韓國和魏國進攻楚國的北邊，楚國怎麼會不危險呢？

『況且，那些主張合縱盟約的人聚集的是一群弱小的國家，要攻打最強大的國家，不估計敵對國的力量便輕率地發動戰爭，國家貧窮卻要屢次發動戰事，這是使國家陷入危亡的策略。我聽說過，軍事力量沒有對方強，就不要向對方挑起戰事；糧食沒有對方多，就不要同對方持久作戰。那些主張合縱的人所說的話都是粉飾狡辯、不切實際的言辭，抬高他們國君的品節，衹說合縱帶來的好處，不說它導致的危害，終於招來秦國的戰禍，那時挽救就來不及了。所以希望大王仔細考慮這個問題。

『秦國擁有西邊的巴蜀之地，用大船滿載糧食，從汶山出發，順着長江而下，距楚國有三千多里。兩船相幷運送士兵，一隻船可以載五十人和三個月的糧食，順流而下，一天可走三百多里，路程雖然很長，但幷不花費牛馬牽引的力氣，不到十天就可以抵達楚國的扞關。扞關的形勢一緊張，那麼邊境以東的城邑就都要據城防守了，黔中、巫郡將不再屬於大王您所有了。秦國再從扞關出發，向南面進攻，那麼楚國的北部地區就要被切斷。秦國攻打楚國，不用三個月，就能使楚國面臨危難，然而楚國等待其他諸侯國出兵救援，卻需要半年以上的時間，這勢必等不及。依靠弱小國家的救援，忽略強秦的禍患，這是我替大王擔心的原因啊。

『大王曾經和吳國人作戰，作戰五次，三次取勝，上戰場的士兵全都戰死了；楚國爲了守衛新占領的城邑，可活下來的百姓卻太辛苦了。我聽說功業太大的君主容易遭受危難，百姓疲憊困苦就怨恨國君。爲了守護容易遭受危難的功業而違背強秦的意願，我私下替大王感到危險。

『秦國之所以十五年不從函谷關發兵攻打齊國和趙國的原因，是因爲秦國在暗中策劃，有一舉吞并天下的雄心。楚國與秦國之間曾經發生過衝突，雙方在漢中作戰，楚國被打敗了，有七十多位高貴的侯爵、王公戰死了，失去了漢中。大王十分惱怒，又發兵攻打秦國，又在藍田打了一仗。這就是所謂的兩虎相爭啊。秦國和楚國相互攻打，消耗了實力，而韓國和魏國以其完整無損的兵力從後面進攻，沒有什麼策略能比這更加危險的了。希望大王仔細考慮這個問題。

『假如秦國出兵攻打衛都陽晉，必定會像鎖住胸膛一樣斷絕天下的交通要道。大王出動全部軍隊進攻宋國，用不了幾個月的時間就可以攻下宋國，攻占了宋國之後，再揮師向東，一路攻打，那麼泗水流域的十二個小諸侯國便全都歸大王所有了。

『蘇秦游說天下各諸侯國，憑借堅守盟約使六國合縱相親，他被封爲武安君，出任燕國的相國以後，卻暗地裏與燕王謀劃攻破齊國，并且瓜分它的土地；蘇秦假裝獲罪於燕王，從燕國逃到齊國，齊王因此收留了他，而且任命他做了相國；兩年之後蘇秦的陰謀被齊王發覺，齊王大怒，在街市上把蘇秦五馬分尸了。僅憑一個狡詐虛僞的蘇秦，卻想要控制整個天下，讓各國諸侯結爲一體，他的策略不可能成功已經是非常明顯的了。

『如今，秦國與楚國的領土相接，在地理形勢上也應該是親近的國家。大王如果能聽取我的建議，我可以請求秦王派太子來楚國做人質，大王也派太子到秦國去做人質，把秦王的女兒嫁給大王，進獻擁有萬戶人家的城邑，作爲大王收取賦稅供給沐浴費用的地方，秦國與楚國長期結爲兄弟友鄰，永世不互相攻伐，我認爲沒有比這更好的策略了。』

此時，楚懷王雖然已經得到張儀，卻難以遵守承諾割捨黔中給秦國，想要同意張儀的建議。屈原說：『前次大王被張儀欺騙，這次張儀來到楚國，我認爲大王會烹殺他；如今釋放了他，不忍心殺他，還聽信他邪妄的言論，不能這樣做啊！』楚懷王說：『答應張儀的建議可以保住黔中，這是美好而有利的事情。已經答應了他，之後又背棄他，不能這樣做。』楚懷王終於答應了張儀的建議，與秦國相結交。

原文

張儀去楚，因遂之韓，說韓王曰：『韓地險惡山居，五穀所生，非菽而麥，民之食大抵菽藿羹。一歲不收，收不饜糟糠。地不過九百里，無二歲之食。料大王之卒，悉之不過三十萬，而廝徒負養在其中矣。除守徼亭鄣塞，見卒不過二十萬而已矣。秦帶甲百餘萬，車千乘，騎萬匹，虎賁之士跿跔科頭貫頤奮戟者，至不可勝計。秦馬之良，戎兵之衆，探前趹後蹄間三尋騰者，不可勝數。山東之士被甲蒙冑以會戰，秦人捐甲徒裼以趨敵，左挈人頭，右挾生虜。夫秦卒與山東之卒，猶孟賁之與怯夫；以重力相壓，猶烏獲之與嬰兒。夫戰孟賁、烏獲之士以攻不服之弱國，無異垂千鈞之重於鳥卵之上，必無幸矣。

徒者，徒跣也。裼，袒也，謂袒而見肉也。

『夫群臣諸侯不料地之寡，而聽從人之甘言好辭，比周以相飾也，皆奮曰「聽吾計可以強霸天下」。夫不顧社稷之長利而聽須臾之說，詿誤人主，無過此者。

『大王不事秦，秦下甲據宜陽，斷韓之上地，東取成皋、滎陽，則鴻臺之宮、桑林之苑非王之有也。夫塞成皋，絕上地，則王之國分矣。先事秦則安，不事秦則危。夫造禍而求其福報，計淺而怨深，逆秦而順楚，雖欲毋亡，不可得也。

『故爲大王計，莫如爲秦。秦之所欲莫如弱楚，而能弱楚者如韓。非以韓能強於楚也，其地勢然也。今王西面而事秦以攻楚，秦王必喜。夫攻楚以利其地，轉禍而說秦，計無便於此者。』

譯文

張儀離開楚國，乘此機會前往韓國，游說韓王說：『韓國地形險惡，處於山區，種植的糧食不是豆類就是麥子，老百姓吃的大多是豆子飯、豆葉湯。如果一年之內都沒有收成，人們連糟糠都吃不飽。韓國領土縱橫不到九百里，儲存的糧食維持不了兩年。估計大王的軍隊，全部加起來不超過三十萬，其中還要包括勤雜兵和後勤人員在內。除了守衛邊界堡壘的士兵，可供調動的軍隊不超過二十萬。而秦國的軍隊就有一百多萬，戰車達上千輛，戰馬有上萬匹，勇猛的士兵勇往直前，不穿戴盔甲，鼓着肥頰，持戟衝鋒的，多得無法計算。秦軍的戰馬精良，馬的前蹄揚起，後蹄騰空而起，一躍就是兩丈多遠，這樣的馬多得無法數清。山東六國的士兵披着鐵甲，戴着頭盔去決戰，秦國的士兵脫掉盔甲，袒臂赤足地來迎敵，個個左手提着頭顱，右手擒拿俘虜。拿秦國的士兵與山東六國的士兵相比較，如同孟賁那樣的大力士與軟弱的膽小鬼一樣；用巨大的威力壓下去，就像大力士烏獲與嬰孩對抗，用孟賁、烏獲那樣的勇士去攻打不肯降服的弱小國家，相當於把千鈞的重量直接壓在鳥卵上，一定不存在僥幸的結果。

『那些諸侯國的國君和大臣們不考慮自己國土的狹小，卻去聽信主張合縱的人的甜言蜜語，他們結黨營私，互相掩飾，都慷慨激昂地說：「聽從我的策略就可以在天下稱王稱霸。」不考慮國家的長遠利

益而聽從片刻的游說，貽誤國君，沒有比這更嚴重的了。

『如果大王不歸附秦國，秦國就會出動軍隊占據宜陽，切斷韓國上黨地區，向東奪取成皋、滎陽，那麼大王就不能再擁有鴻臺的宮殿和桑林的苑囿。再說，阻塞了成皋，切斷了上黨地區，大王的國家就被分割了。先歸附秦國就能得到安全，不歸附秦國衹會招來危險。如果製造了禍端卻想要得到吉祥的回報，計謀短淺、鄙陋，并且結下了很深的怨仇，違背秦國而服從楚國，想要國家不滅亡，是不可能的。

『所以，我替大王考慮了所有的計謀，最好的方法就是臣服秦國。秦國最想做的事情無非就是削弱楚國，而能夠削弱楚國的國家中，沒有誰比得上韓國。不是因爲韓國比楚國強大，而是因爲韓國的地理形勢。如今，假如大王向西臣事秦國，進攻楚國，秦王一定很高興。進攻楚國，不僅能在它的土地上取得利益，而且轉移了自己的禍患，取悅了秦國，沒有比這更適宜的計策了。』

原文 **韓王聽儀計。張儀歸報，秦惠王封儀五邑，號曰武信君。使張儀東說齊湣王曰：『天下強國無過齊者，大臣父兄殷眾富樂。然而**

博關在博州。趙兵從貝州度黃河，指博關，則漯河南臨淄、即墨危矣。

爲大王計者，皆爲一時之說，不顧百世之利。從人說大王者，必曰「齊西有強趙，南有韓與梁。齊，負海之國也，地廣民眾，兵強士勇，雖有百秦，將無柰齊何」。大王賢其說而不計其實。夫從人朋黨比周，莫不以從爲可。臣聞之，齊與魯三戰而魯三勝，國以危亡隨其後，雖有戰勝之名，而有亡國之實。是何也？齊大而魯小也。今秦之與齊也，猶齊之與魯也。秦趙戰於河漳之上，再戰而趙再勝秦；戰於番吾之下，再戰又勝秦。四戰之後，趙之亡卒數十萬，邯鄲僅存，雖有戰勝之名而國已破矣。是何也？秦強而趙弱。

『今秦楚嫁女娶婦，爲昆弟之國。韓獻宜陽；梁效河外；趙入朝澠池，割河間以事秦。大王不事秦，秦驅韓梁攻齊之南地，悉趙兵渡清河，指博關，臨菑、即墨非王之有也。國一日見攻，雖欲事秦，不可得也。是故願大王孰計之也。』

齊王曰：『齊僻陋，隱居東海之上，未嘗聞社稷之長利也。』乃許張儀。

譯文

韓王聽取了張儀的計策。張儀回到秦國作了彙報，秦惠王封賞了他五座城邑，封號是武信君，又派遣張儀向東出使齊國，游說齊湣王，說：『天下強大的國家沒有誰能比得上齊國，齊國的大臣和百姓全都興旺發達、富足安樂。然而替大王出謀劃策的人，全都爲了暫時的安樂，而不顧及國家的長遠利益。主張合縱的人在游說大王時，一定會說「齊國的西面有強大的趙國，南面有韓國和魏國。齊國是個背靠大海的國家，土地廣闊，人口眾多，軍強兵勇，即使有一百個秦國，也不能把齊國怎麼樣」。大王對這種說法非常贊同，但沒有考慮它的實際情況。主張合縱的人結黨營私，沒有誰不認爲合縱是不可行的。我聽說，齊國與魯國打了三次仗，魯國三次取得勝利，但結果卻是國家馬上就滅亡了，雖然有戰勝的名聲，但帶來的卻是國家滅亡的現實。爲什麼會如此呢？因爲齊國很強大而魯國卻很弱小。現在，秦國與齊國相比較，就好比齊國與魯國。秦國和趙國在黃河、漳水邊上交戰，交戰了兩次都是趙國取得了勝利；在番吾城下交戰，又是趙國兩次打敗秦國。這四次戰役以後，趙國的士兵陣亡的有好幾十萬，才僅僅保住了邯鄲，雖然趙國獲得了戰勝的名聲，然而國家卻破敗不堪了。這是爲什麼呢？是因爲秦國強大而趙國弱小啊。

『如今，秦國和楚國互相嫁女娶婦，結成了兄弟友邦。韓國割讓宜陽，魏國割讓河外，趙王到澠池朝見秦王，割讓河間來臣事秦國。假如大王不歸附、臣事秦國，秦國就會驅使韓國、魏國進攻齊國南部地區，調動趙國的全部軍隊，渡過清河，直指博關，臨菑、即墨兩城就不再爲大王所擁有了。齊國一旦被進攻，即使再想要臣事秦國，已經是不可能的了。因此希望大王仔細考慮這件事。』

齊王說：『齊國地方偏遠、落後，處在與世隔絕的東海邊上，不曾聽到過關於國家長遠利益的高見。』於是聽從了張儀的建議。

原文 張儀去，西說趙王曰：『敝邑秦王使使臣效愚計於大王。大王收率天下以賓①秦，秦兵不敢出函谷關十五年。大王之威行於山東，敝邑恐懼懾伏，繕甲厲②兵，飾車騎，習馳射，力田積粟，守四封之內，愁居懾處，不敢動搖，唯大王有意督過之也。

『今以大王之力，舉巴蜀，并漢中，包兩周，遷九鼎，守白馬之津。秦雖僻遠，然而心忿含怒之日久矣。今秦有敝甲凋兵，軍於澠池，原渡河逾漳，據番吾，會邯鄲之下，原以甲子合戰，以正殷紂之事，敬使使臣先聞左右。

『凡大王之所信爲從者恃蘇秦。蘇秦熒惑諸侯，以是爲非，以非爲是，欲反齊國，而自令車裂於市。夫天下之不可一亦明矣。今楚與秦爲昆弟之國，而韓梁稱爲東藩之臣，齊獻魚鹽之地，此斷趙之右臂也。夫斷右臂而與人鬥，失其黨而孤居，求欲毋危，豈可得乎？

『今秦發三將軍：其一軍塞午道，告齊使興師渡清河，軍於邯鄲之東；一軍軍成皋，驅韓梁軍於河外；一軍軍於澠池。約四國爲一以攻趙，趙服，必四分其地。是故不敢匿意隱情，先以聞於左右。臣竊爲大王計，莫如與秦王遇於澠池，面相見而口相結，請案兵無攻。原

此午道當在趙之東，齊之西也。午道，地名也。鄭玄云『一縱一橫爲午』，謂交道也。

大王之定計。』

趙王曰：『先王之時，奉陽君專權擅勢，蔽欺先王，獨擅綰事，寡人居屬師傅，不與國謀計。先王棄群臣，寡人年幼，奉祀之日新，心固竊疑焉，以爲一從不事秦，非國之長利也。乃且願變心易慮，割地謝前過以事秦。方將約車趨行，適聞使者之明詔。』趙王許張儀，張儀乃去。

注釋　①賓：同『擯』，排斥，拋棄。②厲：同『礪』。

譯文　張儀離開齊國，西行進入趙國，游說趙王說：『敝國的國君派遣我做使臣，向大王進獻不成熟的策略。大王領導天下諸侯共同抵制秦國，使秦國的軍隊十五年不敢出函谷關。大王的聲威已經傳遍山東各國，我們秦國非常害怕，屈服不敢妄動，整治軍備，磨礪武器，整頓兵車戰馬，練習跑馬射箭，勤奮耕種，儲存糧食，守衛在四方邊境，憂愁敬畏地過着日子，不敢輕舉妄動，唯恐大王深深地責備我們的過錯。

『如今，依靠大王的督促之力，秦國已經攻占了巴、蜀，吞并了漢中，取得了西周和東周，遷走了九鼎寶器，據守白馬渡口。秦國雖然位於偏僻、遙遠的地方，然而壓抑、憤怒的日子已經過得太久了。現在，秦國有一支穿着破舊甲衣，拿着殘缺兵器的軍隊正駐守在澠池，打算渡過黃河，越過漳水，攻占番吾，與趙軍在邯鄲城下交會，希望在甲子這一天作戰，用以重演周武王伐紂的舊事，所以秦王特別派我作爲使臣先來恭敬地告知大王及您的左右親信。

『大王之所以信任并且能夠締結合縱盟約的原因是因爲有蘇秦作爲依仗。蘇秦迷惑諸侯，能把正確的說成錯誤的，也能把錯誤的說成正確的，他企圖使齊國動亂，結果導致自己在街市上被五馬分尸。天下諸侯不可能結爲一體是非常明顯的了。如今，楚國和秦國已經結爲了兄弟友邦，韓國和魏國自稱是秦國在東邊的屬國，齊國向秦國獻出盛產魚鹽的土地，這就好比斬斷了趙國的右臂。被斬斷掉了右臂的人而去與別人爭鬥，如同失去了同伙而孤立無援，想要沒有危險，怎麼可能辦到呢？

『現在，秦國派出了三支軍隊：其中一支軍隊堵塞午道，通知齊國調動軍隊渡過清河，駐扎在邯鄲的東面；一支軍隊駐扎在成皋，驅使韓國和魏國的軍隊駐扎在河外；一支軍隊駐扎在澠池。相約四

張儀游說列國

國軍隊結爲一體共同進攻趙國，趙國被攻破後，四個國家一定會瓜分它的國土。所以我不敢隱瞞眞實的意圖，先把它告訴給大王的左右親信。我替大王考慮，不如與秦王在澠池會晤，當面做個口頭約定，請他按兵不動，不要進攻。希望大王拿定主意。』

趙王說：『先王在世的時候，奉陽君獨斷專政，蒙蔽、欺騙先王，獨斷所有政事。那時我還生活在深宮，跟着老師學習，沒有參與國家大事的策劃。先王去世時，我的年紀還小，繼位的時間不長，我原本就在心中暗自懷疑這種合縱的做法，認爲一意投入合縱盟約而不依附秦國，不是爲了趙國的長遠利益做打算的。所以我打算改變主意，割讓土地來彌補以往的過失，歸附秦國。我正準備安排車馬前去請罪，恰好聽到了您的英明

指示。』趙王聽從了張儀的建議，張儀便離開了趙國。

原文　北之燕，說燕昭王曰：『大王之所親莫如趙。昔趙襄子嘗以其姊爲代王妻，欲并代，約與代王遇於句注之塞。乃令工人作爲金斗，長其尾，令可以擊人。與代王飲，陰告廚人曰：「即酒酣樂，進熱啜，反斗以擊之。」於是酒酣樂，進熱啜，廚人進斟，因反斗以擊代王，殺之，王腦塗地。其姊聞之，因摩①笄以自刺，故至今有摩笄之山。代王之亡，天下莫不聞。

『夫趙王之佷②戾無親，大王之所明見，且以趙王爲可親乎？趙興兵攻燕，再圍燕都而劫大王，大王割十城以謝。今趙王已入朝澠池，效河間以事秦。今大王不事秦，秦下甲雲中、九原，驅趙而攻燕，則易水、長城非大王之有也。

『且今時趙之於秦猶郡縣也，不敢妄舉師以攻伐。今王事秦，秦

笄，今簪也。摩笄山在蔚州飛狐縣東北百五十里。

尾猶末也。謂獻恒山城以與秦。

王必喜，趙不敢妄動，是西有強秦之援，而南無齊趙之患，是故願大王孰計之。』

燕王曰：『寡人蠻夷僻處，雖大男子裁③如嬰兒，言不足以采正計。今上客幸教之，請西面而事秦，獻恒山之尾五城。』燕王聽儀。

儀歸報，未至咸陽而秦惠王卒，武王立。武王自爲太子時不說張儀，及即位，群臣多讒張儀曰：『無信，左右賣國以取容。秦必復用之，恐爲天下笑。』諸侯聞張儀有郤武王，皆畔衡④，復合從。

注釋 ①摩：通『磨』，物體相摩擦。②很：通『狠』，凶暴。③裁：通『才』，僅僅、剛剛。④衡：通『横』。

譯文 張儀向北行進，到達了燕國，游說燕昭王說：『大王最親近的國家，無疑就是趙國。過去趙襄子曾經把他的姐姐嫁給了代王做妻子。後來他想要并吞代國，就與代王約定在句注山的要塞會晤。他命令工匠製作了一個金斗，加長了斗柄，使它可以用來殺人。趙襄子與代王喝酒時，暗中吩咐廚子說：「你趁着我們喝酒喝得酣暢的時候，送上熱湯，把斗柄反轉過來擊殺代王。」在酒喝到酣暢高興的時候，上了熱湯，廚子趁着送上金斗的時候，立即反轉斗柄去襲擊代王，把他殺死了，代王的腦漿流了一地。趙襄子的姐姐聽說這個消息後，將簪子磨鋒利，自刺而死，所以至今還有一座叫作摩笄的山。代王是如何死去的，天下人沒有誰不知道。

『趙王如此凶狠暴戾，六親不認，大王已經看得很清楚了，還認爲趙王是值得親近的人嗎？趙國出動軍隊攻打燕國，兩次圍困了燕的都城脅迫大王，逼迫大王割讓了十座城池向他道歉。如今，趙王已經到澠池朝見秦王，獻出河間一帶來臣事秦國。現在，假如大王不歸附秦國，秦國將出動軍隊直下雲中、九原，驅使趙國攻打燕國，如此一來，易水、長城就不再爲大王所擁有了。

『況且，現在的趙國相對於秦國而言，如同秦國的一個郡縣，不敢妄自出兵攻伐。大王如果眼下就向秦國臣服，秦王一定非常高興，而趙國又不敢輕舉妄動。這樣，燕國在西面有強大的秦國可以來救援，南面不再受齊國和趙國的侵犯，所以我希望大王慎重地考慮這個建議。』

燕王說：『我生活在偏僻的蠻夷之地，這裏的人雖然是男子漢、大丈夫，而實際上都像嬰兒，說的話不能作爲正確的決策。如今，有幸接受貴客的指教，我願意向西臣服秦國，獻出恆山腳下的五座城池。』燕王聽從了張儀的建議。

張儀返回秦國復命，還沒有到達咸陽，秦惠王就去世了，秦武王即位。武王在還是太子的時候就對張儀沒有好感，等到即位後，大臣中有很多人說張儀的壞話：『張儀不講信用，反復無常，爲了圖謀自己的出路而出賣國家的利益。如果秦國要繼續重用他，恐怕會被天下人所恥笑。』各國的諸侯聽說張儀與秦武王有隔閡，紛紛背叛了連橫，又恢復了合縱聯盟。

原文

秦武王元年，群臣日夜惡張儀未已，而齊讓又至。張儀懼誅，乃因謂秦武王曰：『儀有愚計，願效之。』王曰：『柰何？』對曰：『爲秦社稷計者，東方有大變，然後王可以多割得地也。今聞齊王甚憎儀，儀之所在，必興師伐之。故儀原乞其不肖之身之梁，齊必興師而伐梁。梁齊之兵連於城下而不能相去，王以其間伐韓，入三川，出兵函谷而毋伐，以臨周，祭器必出。挾天子，按圖籍，此王業也。』

秦王以爲然，乃具革車三十乘，入儀之梁。齊果興師伐之。梁哀王恐。張儀曰：『王勿患也，請令罷齊兵。』乃使其舍人馮喜之楚，借使之齊，謂齊王曰：『王甚憎張儀；雖然，亦厚矣王之託儀於秦也！』齊王曰：『寡人憎儀，儀之所在，必興師伐之，何以託儀？』對曰：『是乃王之託儀也。夫儀之出也，固與秦王約曰：「爲王計者，東方有大變，然後王可以多割得地。今齊王甚憎儀，儀之所在，必興師伐之。故儀願乞其不肖之身之梁，齊必興師伐之。齊梁之兵連於城下而不能相去，王以其間伐韓，入三川，出兵函谷而無伐，以臨周，祭器必出。挾天子，案圖籍，此王業也。」秦王以爲然，故具革車三十乘而入之梁也。今儀入梁，王果伐之，是王內罷國而外伐與國，廣鄰敵以內自臨，而信儀於秦王也。此臣之所謂「託儀」也。』齊王曰：『善。』乃使解兵。

凡王者大祭祀必陳設文物軒車彝器等，因謂此等爲祭器也。

謂齊之伐梁也。梁之與齊，先相許與約從爲鄰，故云與國也。

張儀相魏一歲，卒於魏也。

譯文 秦武王元年，大臣們日夜不停地詆毀張儀，齊國又派使臣來譴責張儀。張儀害怕被殺害，就趁機對秦武王說：『我有一個不成熟的計策，願意獻給大王。』武王問：『什麼樣的計策？』張儀回答說：『爲秦國的利益着想，必須使東方發生大變故，大王才能夠讓其他國家獻出更多的土地。現在聽說齊王非常惱恨我，我去哪個國家，齊王一定會出兵攻打這個國家。因此我希望讓我這個沒有才能的人前往魏國，齊國一定會發動軍隊攻打魏國。魏國和齊國的軍隊在城下糾纏而不得脫身，大王就趁此機會攻打韓國，進入三川，從函谷關發兵，但不要攻打別的國家，直接挺進，兵臨周都，周天子一定會獻出祭器。大王就可以挾持周天子，掌握天下的地圖和戶籍，這是成就帝王的功業啊。』秦武王認爲張儀說得有道理，就準備了三十輛兵車，送張儀到魏國去。齊國果然出動軍隊攻打魏國。魏哀王非常驚恐。張儀說：『大王不要擔憂，請允許我出使齊國，一定讓齊國罷兵。』張儀於是派遣他的家臣馮喜前往楚國，再作爲楚國的使臣出使齊國，對齊王說：『大王非常憎恨張儀，雖然如此，大王爲了讓張儀在秦國有所依託，也做得夠周到的了。』齊王說：『我十分憎恨張儀，張儀走到哪裏，我一定出兵

討伐到哪裏，我怎麼會讓張儀有所依託呢？』馮喜回答說：『這樣做正是讓張儀有所依託啊。張儀離開秦國時，早就與秦王有約定，說是「替大王打算，必須使東方發生大變亂，大王才能夠多割得一些土地。現在齊王非常憎恨我，我在哪個國家，他一定會出兵攻打哪個國家。因此我希望讓我這個沒有才能的人到魏國去，齊王一定會出兵攻打魏國。齊國和魏國的軍隊在城下糾纏不得脫身的時候，大王乘機攻打韓國，進軍三川，從函谷關出兵，卻并不進攻其他國家，直接挺進，兵臨周都，以此來威脅周天子，周天子一定會獻出祭器。大王就可以挾持周天子，掌握天下的地圖和戶籍，這是成就帝王的功業啊。」秦王認爲他說得有道理，所以用三十輛兵車送他去魏國。現在張儀到了魏國，大王果眞出兵攻打魏國，這樣做對內消耗了國家的實力，對外是在攻打盟國，廣泛地樹立敵人，禍患殃及自己，這就是我所說的「讓張儀有所依託」啊。』齊王說：『你說得對。』於是停止對魏國用兵。

張儀在魏國擔任了一年的相國，就死在魏國。

原文 陳軫者，游說之士。與張儀俱事秦惠王，皆貴重，爭寵。張儀惡陳軫於秦王曰：『軫重幣輕使秦楚之間，將爲國交也。今楚不加

嚙指心痛

曾參以孝著稱。少年時常入山打柴。一天，家裏來了客人，母親不知所措，就用牙咬自己的手指。曾參忽然覺得心疼，知道母親在呼喚自己，便背着柴迅速返回家中。

善於秦而善軫者，軫自爲厚而爲王薄也。且軫欲去秦而之楚，王胡不聽乎？』王謂陳軫曰：『吾聞子欲去秦之楚，有之乎？』軫曰：『然。』王曰：『儀之言果信矣。』軫曰：『非獨儀知之也，行道之士盡知之矣。昔子胥忠於其君而天下爭以爲臣，曾參孝於其親而天下願以爲子。故賣僕妾不出閭巷而售者，良僕妾也；出婦嫁於鄉曲者，良婦也。今軫不忠其君，楚亦何以軫爲忠乎？忠且見棄，軫不之楚何歸乎？』王以其言爲然，遂善待之。

譯文 陳軫是一個游說的策士。他和張儀共同侍奉秦惠王，都得到了重用，二人互相競爭。張儀在秦惠王面前中傷陳軫說：『陳軫攜帶了豐厚的禮物頻繁地來往於秦、楚兩國之間，本應該搞好兩國的外交關係。如今楚國并沒有對秦國更加友好，反而對陳軫十分優待，這是因爲陳軫替自己打算得多而替大王打算得少的緣故啊。而且陳軫想要離開秦國前往楚國，大王爲什麼不讓他離開呢？』秦惠王對陳軫說：『我聽說先生想要離開秦國而去投奔楚國，有這樣的事情嗎？』陳軫說：『有。』秦惠王說：『張儀的話果然是可信的。』陳軫說：『這件事不僅張儀知道，而且連路上的行人也都知道。過去伍子胥忠於他的國君，因而天下的諸侯爭相拉攏他來自己的國家做臣子；曾參孝敬他的父母，天下的父母都希望讓他來給自己做兒子。所以，將要出賣的奴僕不用走出街巷就賣掉了，因爲是好奴僕；被丈夫拋棄的女人還能再嫁到本鄉本里，因爲是好女人。如果我對自己的國君不忠誠，楚王又怎麼會認爲我是忠心的臣子呢？忠心卻要被拋棄，我不去楚國又應該投奔到哪裏去呢？』秦惠王認爲陳軫的話說得有道理，於是便更好地對待他。

原文 居秦期年，秦惠王終相張儀，而陳軫奔楚。楚未之重也，而使陳軫使於秦。過梁，欲見犀首。犀首謝弗見。軫曰：『吾爲事來，軫語犀首，言我故來，欲有教汝之事，何不相見。

公不見軫，軫將行，不得待異日。』犀首見之。陳軫曰：『公何好飲也？』犀首曰：『無事也。』曰：『吾請令公厭事可乎？』曰：『奈何？』曰：『田需約諸侯從親，楚王疑之，未信也。公謂於王曰：「臣與燕、趙之王有故，數使人來，曰：『無事何不相見』，原謁行於王。」王雖許公，公請毋多車，以車三十乘，可陳之於庭，明言之燕、趙。』燕、趙客聞之，馳車告其王，使人迎犀首。楚王聞之大怒，曰：『田需與寡人約，而犀首之燕、趙，是欺我也。』怒而不聽其事。齊聞犀首之北，使人以事委焉。犀首遂行，三國相事皆斷於犀首。軫遂至秦。

韓魏相攻，期年不解。秦惠王欲救之，問於左右。左右或曰救之便，或曰勿救便，惠王未能爲之決。陳軫適至秦，惠王曰：『子去寡人之楚，亦思寡人不？』陳軫對曰：『王聞夫越人莊舄乎？』王曰：『不聞。』曰：『越人莊舄仕楚執珪，有頃而病。楚王曰：「舄故越之

鄙細人也，今仕楚執珪，貴富矣，亦思越不？」中謝對曰：「凡人之思故，在其病也。彼思越則越聲，不思越則楚聲。」使人往聽之，猶尚越聲也。今臣雖棄逐之楚，豈能無秦聲哉！』惠王曰：『善。今韓魏相攻，期年不解，或謂寡人救之便，或曰勿救便，寡人不能決，願子爲子主計之餘，爲寡人計之。』陳軫對曰：『亦嘗有以夫卞莊子刺虎聞於王者乎？莊子欲刺虎，館豎子止之，曰：「兩虎方且食牛，食甘必爭，爭則必鬥，鬥則大者傷，小者死，從傷而刺之，一舉必有雙虎之名。」卞莊子以爲然，立須之。有頃，兩虎果鬥，大者傷，小者死。莊子從傷者而刺之，一舉果有雙虎之功。今韓魏相攻，期年不解，是必大國傷，小國亡，從傷而伐之，一舉必有兩實。此猶莊子刺虎之類也。臣主與王何異也。』惠王曰：『善。』卒弗救。大國果傷，小國

卞莊刺虎

亡，秦興兵而伐，大克之。此陳軫之計也。

譯文　陳軫在秦國待了整整一年，秦惠王最終任命張儀爲相國，而陳軫便去投奔楚國了。楚王沒有重用他，卻派遣他出使秦國。陳軫經過魏國的時候，想要見一見犀首。犀首拒絕相見。陳軫說：『我是有重要的事情才來的，您不見我，我就要走了，等不到第二天。』犀首便接見了陳軫。陳軫說：『您怎麼喜歡喝起酒來了呢？』犀首說：『沒有事情可以做。』陳軫說：『請允許我讓您的事情多起來，如何？』犀首問：『要怎麼辦呢？』陳軫說：『魏相田需邀請聚集各國的諸侯合縱聯盟，楚王懷疑他，不信任他。您去對魏王說：「我與燕國和趙國的國君都有舊交情，他們多次派人來對我說：『你閑着沒事，爲什麼不互相見見面。』我願意替大王您去謁見他們。」魏王即使答應您的請求，您也不必多要車輛，衹需要把三十輛車子擺放在庭院裏，公開地說要到燕國和趙國去。』燕國和趙國的客卿們聽到了這個消息，都立刻驅車回國向他們的國君報告，兩國都派人來魏國迎接犀首。楚王聽到這件事後，非常氣憤，說：『魏相田需來與我結約，而魏國的犀首卻去了燕國和趙國，這是欺騙我啊！』楚王在大怒之下，沒有再理睬田需的事，齊王聽說犀首去了北方，派人把國家政事委託給他。犀首於是就啓程出發了，燕、趙、齊三國的相國事務都要由犀首來決斷。陳軫於是回到秦國。

韓國和魏國交戰，整整一年都沒有和解。秦惠王打算阻止它們，徵求左右親信大臣的意見。大臣們有的說去阻止有利，有的說不阻止有利，秦惠王對這件事不能做出決斷。正好遇到陳軫回到秦國，秦惠王便問他說：『先生離開我去了楚國，也想念我嗎？』陳軫回答說：『大王聽說過越國人莊舃嗎？』秦惠王說：『沒有聽說過。』陳軫說：『越國人莊舃在楚國爲官，獲得了執珪的爵位，不久就生病了。楚王問：「莊舃原本是越國一個地位低賤的人，如今在楚國爲官，獲得了執珪的爵位，富貴了，不知道還思不思念越國？」一位侍從回答說：「大凡人們思念自己的故鄉，是在他生病的時候。如果

犀首者，魏之陰晉人也。名衍，姓公孫

張儀爲秦之魏，魏王相張儀。犀首弗利，故令人謂韓公叔曰：「張儀已合秦魏矣，其言曰『魏攻南陽，秦攻三川』。魏王所以貴張子者，欲得韓地也。且韓之南陽已舉矣，子何不少委焉以爲衍功，則秦魏之交可錯矣。然則魏必圖秦而棄儀，收韓而相衍。」公叔以爲便，因委之犀首以爲功。果相魏。張儀去。

義渠君朝於魏。犀首聞張儀復相秦，害之。犀首乃謂義渠君曰：「道遠不得復過，請謁事情。」曰：「中國無事，秦得燒掇焚杅君之國；有事，秦將輕使重幣事君之國。」其後五國伐秦。會陳軫謂秦王曰：「義渠君者，蠻夷之賢君也，不如賂之以撫其志。」秦王曰：

『善。』乃以文繡千純，婦女百人遺義渠君。義渠君致群臣而謀曰：『此公孫衍所謂邪？』乃起兵襲秦，大敗秦人李伯之下。

張儀已卒之後，犀首入相秦。嘗佩五國之相印，爲約長。

譯文　犀首是魏國陰晉人，名叫衍，姓公孫。他與張儀交惡。

張儀爲秦國辦事而前往魏國，魏王任用張儀做相國。犀首認爲這對他很不利，所以派人對韓國的公叔說：『張儀已經讓秦國和魏國聯合了，他揚言「魏國進攻韓國的南陽，秦國進攻韓國的三川」。魏王之所以器重張儀的原因，是因爲想要獲得韓國的土地。況且韓國的南陽已經快被攻取了，您爲什麼不稍微把一些政事交給公孫衍，讓他到魏王面前去獻功，那麼，秦國和魏國的交往就會被丟棄在一邊。既然如此，那麼魏國一定謀取秦國，從而拋棄張儀，結交韓國，而讓公孫衍出任相國。』公叔認爲這樣很有利，於是把政事委託給了犀首，讓他去獻功。犀首果真做了魏的相國，張儀衹好離開魏國。

義渠君到魏國來朝見魏王。犀首聽說張儀重新擔任秦國的相國，心裏十分忌恨。犀首就對義渠君說：『貴國路途遙遠，今日分別，不可能再來這裏相見了，請允許我告訴您一件大事。』犀首接着說：

『中原各國如果不聯合起來進攻秦國，秦國將會焚燒搶掠您的國家；如果中原各國共同討伐秦國，秦國將會頻繁地派出使臣用貴重的禮物侍奉您的國家。』此後，楚、魏、齊、韓、趙五國共同討伐秦國。此時恰逢陳軫對秦王說：『義渠君是蠻夷各國中比較賢明的君主，不如贈送給他貴重的禮物用來安定他的心志。』秦王說：『好。』於是把一千匹錦綉和一百名美女贈送給義渠君。義渠君召集群臣商議說：『這大概就是公孫衍向我所說的那種情形嗎？』於是就發兵襲擊秦國，在李伯這個地方大敗秦兵。

張儀去世以後，犀首到秦國出任相國。他曾經佩帶過五國國家的相印，做了五國聯盟的領袖。

原文　太史公曰：三晉多權變之士，夫言從衡強秦者大抵皆三晉之人也。夫張儀之行事甚於蘇秦，然世惡蘇秦者，以其先死，而儀振暴其短以扶其說，成其衡道。要之，此兩人真傾危之士哉！

譯文　太史公說：三晉這個地方出了很多善於隨機應變的人，那些倡導合縱、連橫，使秦國強大的，大多是三晉人。張儀詐僞的外交手段超過了蘇秦，但是世人之所以厭惡蘇秦的原因，是因爲他先死，而張儀宣揚和暴露了他的合縱政策的短處，以此來附會自己的主張是正確的，從而促成連橫策略。

總之，他們兩個眞正是導致國家傾覆危亡的人物啊！

【賞析】蘇秦游說六國，張儀也游說六國；蘇秦合縱以燕爲主，張儀連横以魏爲主。他們都是以權變之術和雄辯家的姿態，雄心勃勃，一往無前，爲追求事功而把生死置之度外，表現了他們的雄才大略，體現了他們的力量和存在的價值。張儀除了張揚暴露合縱的短處，用以附會自己的主張之外，借秦國強大的勢力，又多以威脅利誘、欺詐行騙的權術，成爲轟動一時的風雲人物。

本篇的很多段落，不像史書的人物傳記，卻似後世的小說。張儀說楚，以商於之地六百里行騙楚王就幾乎具備後世小說的全部特徵。幾百字的小文就有開端、發展、高潮、結局、餘波；其中又不乏戲劇的衝突和曲折的情節；人物刻畫得鮮明生動而富於個性特徵。筆觸靈活，神采飛揚，又不乏幽默之筆，把一個完整的故事描寫得曲曲折折，有聲有色。其中張儀的欺詐權變之術，成竹在胸的韜略以及他的氣質、風度，侃侃而談的才能，善於借物轉禍爲福的本領；楚王的貪婪愚蠢，剛愎自用，感情的衝動；陳軫的老謀深算，料事如神，耿介衷腸，直面陳言，於嚴肅、莊重氣氛中的詼諧幽默的風采，都在矛盾糾葛的衝突中表現得淋漓盡致。

本篇情節曲折多變，故事性很強。張儀從希望到失望再到希望的過程，其性格逐漸展開，前有蓄勢，後有照應，使故事組織得井然有序，無懈可擊。人物對話極其簡潔，個性化的語言刻畫了個性化的人物，爲後世小說的楷模。

文中有很多內涵豐富的語言，如『積羽沉舟，群輕折軸，衆口鑠金，積毀銷骨』，『卞莊刺虎，一舉兩得』等等，作爲成語典故，爲今人所習用。

【集評】【索隱述贊】儀未遭時，頻被困辱。及相秦惠，先韓後蜀。連衡齊魏，傾危誑惑。陳軫挾權，犀首騁欲。如何三晉，繼有斯德。

魏公子列傳

題解　本篇出自《史記》卷七十七，列傳第十七。傳中詳細地敘述了信陵君從保存魏國的目的出發，屈尊求賢，不恥下交的一系列活動，如駕車虛左親自迎接門役侯嬴於大庭廣衆之中，多次卑身拜訪屠夫朱亥以及秘密結交賭徒毛公、賣漿者薛公等；着重記寫了他在這些『巖穴隱者』的鼎力相助下，不顧個人安危，不謀一己之利，挺身而出完成『竊符救趙』和『却秦存魏』的歷史大業。從而，歌頌了信陵君心繫魏國，禮賢下士，救人於危難之中的思想品質。這也是本傳的主旨所在。

地理志無信陵，或是鄉邑名也。

文穎曰：『作高木櫓，櫓上作桔槔，桔槔頭兜零，以薪置其中，謂之烽。常低之，有寇即火然舉之以相告。』

原文　魏公子無忌者，魏昭王少子而魏安釐王異母弟也。昭王薨①，安釐王即位，封公子爲信陵君。是時范雎亡魏相秦，以怨魏齊故，秦兵圍大梁，破魏華陽下軍，走芒卯。魏王及公子患之。

公子爲人仁而下士，士無賢不肖皆謙而禮交之，不敢以其富貴驕士。士以此方數千里爭往歸之，致食客②三千人。當是時，諸侯以公子賢，多客，不敢加兵謀魏十餘年。

公子與魏王博③，而北境傳舉烽④，言『趙寇至，且入界』。魏王釋博，欲召大臣謀。公子止王曰：『趙王田獵耳，非爲寇也。』復博如故。王恐，心不在博。居頃，復從北方來傳言曰：『趙王獵耳，非爲寇也。』魏王大驚，曰：『公子何以知之？』公子曰：『臣之客有能深得趙王陰事者，趙王所爲，客輒以報臣，臣以此知之。』是後魏王畏公子之賢能，不敢任公子以國政。

注釋　①薨：周代諸侯死去稱薨。②致：招徠。食客：古代寄食於豪門貴家并爲之服務的門客。③博：是我國古代的一種棋類游戲，可以賭賽勝負。④烽：指烽火，古時邊境告急的一種信號。

譯文　魏公子名叫無忌，他是魏昭王的小兒子，魏安釐王同父異母的弟弟。魏昭王去世，魏安釐王即位做了國君，封公子無忌爲信陵君。這個時候范雎從魏國逃走，到秦國做了宰相，因爲懷恨魏齊的原因，范雎派秦國的軍隊圍攻魏國的都城大梁，打敗了魏國駐扎在華陽的軍隊，魏軍主將芒卯逃走。魏王和公子無忌非常擔心。

公子無忌做人仁德，能夠委屈自己結交賢士，士人無論是賢能的還是不賢能的，他都會以謙虛的態度禮貌地對待他們，從來不敢因爲自己富有、尊貴而輕視那些士人。士人們因爲這個緣故，從方圓數千里的各個地方趕來歸附他，公子無忌招納在門下的食客有三千人。在這個時候，諸侯因爲公子無忌賢能、手下賓客衆多的緣故，在十幾年的時間裏不敢出兵圖謀魏國。

有一天公子無忌和魏王正在下棋，北方邊境傳來了烽火被點燃的消息，說是『趙國的軍隊到了，將要進入魏國的邊界』。魏王放下棋子，想要召集大臣們一起商量對策。公子無忌阻止魏王說道：『趙王是在打獵，并不是要侵犯魏國。』說完，公子無忌又像之前那樣下棋。魏王很驚慌，心思沒有放在下棋上。過了一會兒，又從北方傳來了消息說：『趙王衹是打獵罷了，不是要侵犯魏國。』魏王非常吃驚，說：『您憑借什麼知道這件事的？』公子無忌說：『我的門客中有能潛入趙國探聽趙王秘密的人，趙王有什麼行動，那門客就會報告給我，我就根據這個知道這件事的。』這件事情之後，魏王忌憚公子無忌的賢能，不敢把魏國的政事交給公子無忌來處理。

原文　魏有隱士曰侯嬴，年七十，家貧，爲大梁夷門監者。公子聞之，往請，欲厚遺之。不肯受，曰：『臣脩身絜行數十年，終不以監門困故而受公子財。』公子於是乃置酒大會賓客。坐定，公子從車騎，虛左[1]，自迎夷門侯生。侯生攝敝衣冠，直上載公子上坐，不讓，欲以觀公子。公子執轡愈恭。侯生又謂公子曰：『臣有客在市屠中，原枉車騎過之。』公子引車入市，侯生下見其客朱亥，俾倪[2]故久立，與其客語，微察公子。公子顏色愈和。當是時，魏將相宗室賓客滿堂，待公子舉酒。市人皆觀公子執轡。從騎皆竊罵侯生。侯生視公子色終不變，乃謝客就車。至家，公子引侯生坐上坐，遍贊賓客，賓客皆驚。酒酣，公子起，爲壽侯生前。侯生因謂公子曰：『今日嬴之爲公子亦足矣。嬴乃夷門抱關者也，而公子親枉車騎，自迎嬴於衆人廣坐之中，不宜有所過，今公子故③過之。然嬴欲就公子之名，故久立公子車騎市中，過客以觀公子，公子愈恭。市人皆以嬴爲小人，而以公子爲長者能下士也。』於是罷酒，侯生遂爲上客。

侯生謂公子曰：『臣所過屠者朱亥，此子賢者，世莫能知，故隱屠間耳。』公子往數請之，朱亥故不復謝，公子怪之。

注釋 ①虚左：空出左邊的座位。古代乘車以左邊的位置爲尊位。②俾倪：通『睥睨』，指斜着眼睛看。③故：通『固』，這裏是既、已的意思。

譯文 魏國有位隱士名叫侯嬴，已經七十歲了，家裏非常貧窮，是魏國都城大梁東城門的看守。公子無忌聽説過他，到他那裏去請他，想要送給他豐厚的禮物。侯嬴不肯接受禮物，對公子無忌説：『我脩養身心、潔淨品行已經幾十年了，不能在最後的時候因爲看守城門生活貧困而接受公子您的財物。』公子無忌在這種情況下置辦酒席，請賓客聚會。衆人都坐好之後，公子無忌就帶着隨從和車馬，空出馬車左邊身份尊貴的人所坐的位子，親自到東城門去迎請侯生。侯生整理了一下破舊的衣服和帽子，直接就登上馬車坐在了公子無忌空出來的尊貴座位，沒有謙讓的表現，想要借此觀察公子無忌的神色。公子無忌手裏拉着馬繮繩，神色更加恭敬。侯生又對公子無忌説道：『我有個好朋友在集市上的屠宰場，希望您的馬車能夠繞道，讓我去拜訪他。』公子無忌駕着馬車進入了集市，侯生下車去看他的朋友朱亥，侯生一邊斜着眼睛偷看公子無忌，一邊故意長時間地站着跟他的朋友説話，暗地裏觀察公子無忌的表現。公子無忌臉上的神色更加謙和。在這個時候，魏國的大將、卿相，與魏王同宗、同室的人，在公子無忌家的廳堂裏都坐滿了，等着公子無忌舉起酒杯一同開懷暢飲。而集市上的人都在觀看公子無忌在那裏手拿繮繩等着侯生。公子無忌身邊的那些騎着馬的僕從都暗地裏罵侯生。侯生見公子無忌的臉色始終都沒有改變，於是告別朋友上了馬車。到了公子無忌的家裏，公子領着侯生做到尊貴的座位上，并且當着每一個賓客的面贊揚侯生，賓客全都感到驚訝。酒喝到高興的時候，公子無忌站起來，端着酒杯來到侯生面前爲他祝壽。侯生於是對公子無忌説：『今天侯嬴爲公子所做的事情也足夠了。侯嬴是看守城門的人，但是公子委屈自己、降低身份來駕着馬車，在大庭廣衆之中親自來迎接侯嬴，這時我不該再去拜訪自己的朋友，但我侯嬴也想成就

膽識絕倫

英雄莫問出身，貧寒也出賢能。侯嬴雖是門房，但有膽有識，勝過常人。漢代公孫弘年少時也曾爲人牧猪過活，後來也名揚後世，爲人敬佩。

公子的名聲，故意長久地讓您和車馬、僕從站在集市中，我在拜訪朋友的時候觀察您，而您的態度更加恭敬、謙和。集市上的人都認爲侯嬴是小人，但卻認爲公子您是一位高尚的、甘願委屈自己來結交下人的長者。』公子無忌聽了侯嬴的話之後，就撤去了酒宴，侯生成了公子無忌尊貴的客人。

侯生對公子無忌說：『我所拜訪的那位屠戶朱亥，他是一個賢能的人，世上沒有了解他的人，所以他才隱藏在了屠宰場裏。』公子無忌到屠宰場多次邀請朱亥，朱亥故意不回答也不表示感謝，公子無忌覺得非常奇怪。

原文　魏安釐王二十年，秦昭王已破趙長平軍，又進兵圍邯鄲。公子姊爲趙惠文王弟平原君夫人，數遺魏王及公子書，請救於魏。魏王使將軍晉鄙將十萬衆救趙。秦王使使者告魏王曰：『吾攻趙旦暮且下，而諸侯敢救者，已拔趙，必移兵先擊之。』魏王恐，使人止晉鄙，留軍壁鄴，名爲救趙，實持兩端以觀望。平原君使者冠蓋相屬於魏，讓魏公子曰：『勝所以自附爲婚姻者，以公子之高義，爲能急人之困。今邯鄲旦暮降秦而魏救不至，安在公子能急人之困也！且公子縱輕勝，棄之降秦，獨不憐公子姊邪？』公子患之，數請魏王，及賓客辯士說王萬端。魏王畏秦，終不聽公子。公子自度終不能得之於王，計不獨生而令趙亡，乃請賓客，約車騎百餘乘，欲以客往赴秦軍，與趙具①死。

注釋　①具：同『俱』。

譯文　魏國安釐王即位的第二十年，秦昭王打敗了趙國駐扎在長平的軍隊，繼續派兵圍攻邯鄲。公子無忌的姐姐是趙惠文王的弟弟平原君的夫人，多次給魏王和公子無忌送去書信，請求魏國出兵相救。魏王派大將晉鄙率領十萬人去救援趙國。秦王派使者對魏王說道：『我攻打趙國，一早一晚的時間就能戰勝，如果諸侯中有人敢救援趙國，等我消滅趙國之後，一定會派兵先攻打他。』魏王害怕，派人阻止晉鄙，在鄴城安營駐扎軍隊，表面上是救援趙國，實際上，采取首鼠兩端的態度來觀望形勢的變化。平原君派到魏國的使者的車馬連續不絕，并在信中責備魏國的公子無忌說：『我趙勝之所以要歸附魏國，與魏國聯姻，是因爲公子具有高尚的仁義之心，是因爲公子您能把別人的困境當成自己的急事來辦。現在邯鄲一早一晚之間就會投降秦國，但是魏國卻不救援，公子您那種把別人困境當作自己急事來辦的精神在哪裏呢？況且公子您縱然輕視我趙勝，要拋棄我而且讓趙國投降秦國，難道也不顧及您的姐姐嗎？』公子無忌非常擔心這件事，多次請求魏王，而且讓手下的賓客、善於辯論的人士用一萬種辦法來游說魏王。但因爲魏王畏懼秦國，始終都不聽公子無忌的意見。公子無忌揣度自己的意見最終不會得到魏王的同意，便決定不能自己一個人活着而讓趙國滅亡，就請來自己的賓客，約集了一百多輛車馬，打算率領門客到趙國去與秦國軍隊決一死戰，跟趙國一起滅亡。

原文

行過夷門，見侯生，具告所以欲死秦軍狀。辭決①而行，侯生曰：『公子勉之矣，老臣不能從。』公子行數里，心不快，曰：『吾

所以待侯生者備矣，天下莫不聞，今吾且死而侯生曾無一言半辭送我，我豈有所失哉？』復引車還，問侯生。侯生笑曰：『臣固知公子之還也。』曰：『公子喜士，名聞天下。今有難，無他端而欲赴秦軍，譬若以肉投餒虎，何功之有哉？尚安事客？然公子遇臣厚，公子往而臣不送，以是知公子恨之復返也。』公子再拜，因問。侯生乃屏人間語，曰：『嬴聞晉鄙之兵符②常在王臥內，而如姬最幸，出入王臥內，力能竊之。嬴聞如姬父爲人所殺，如姬資之三年，自王以下欲求報其父仇，莫能得。如姬爲公子泣，公子使客斬其仇頭，敬進如姬。如姬之欲爲公子死，無所辭，顧未有路耳。公子誠一開口請如姬，如姬必許諾，則得虎符奪晉鄙軍，北救趙而西卻秦，此五霸之伐也③。』公子從其計，請如姬。如姬果盜晉鄙兵符與公子。

舊解資之三年謂服齋衰也。今案：資者，畜也。謂欲爲父復讎之資畜於心已得三年矣。

注釋 ①決：同『訣』。②兵符：亦稱虎符，古代調兵遣將的一種憑證，多以銅製成虎形，中剖爲二，可分可捨。左半交給統軍的將領，右半留在國君手中，如果國家有了戰事或新的命令，則派使者持右半虎符前往傳達，左右符合，方可生效。③五霸：指春秋時先後稱霸的五個諸侯，但歷來說法不一，通常指齊桓公、晉文公、楚文公、秦穆公、宋襄公。④伐：指功業、勛績。

譯文 他們從東門經過的時候，看到了侯生，公子無忌詳細地告訴侯生自己想要率領門客與秦軍拼死決戰的情況。告辭訣別之後，公子無忌就要繼續趕路，侯生說：『公子努力吧，我老了，不能跟您一起去。』公子無忌走了幾里路，心裏不高興，說：『我之所以那麼周到地對待侯生，天下人都知道，現在我都要死了，但侯生卻連一句有用的話都沒有對我說，難道是因爲我有什麼失禮的地方嗎？』公子無忌於是又駕着馬車回來，詢問侯生。侯生笑着說：『我本來就知道公子您會回來的。』侯生接着說：『公子您喜歡結交賢能的人，名聲傳遍天下。現在有了困難，沒有別的辦法卻要去跟秦國軍隊拼命，就如同把肉投給飢餓的老虎一樣，有什麼用呢？還要我們這些賓客有什麼用呢？但是公子您對我的待遇很優厚，您離開這裏我卻不爲您送行，我因此知道您肯定會覺得遺憾而再次回來的。』公子無忌向侯生拜了兩次，借機向侯生請教。侯生於是屏退旁邊的人，與公子無忌秘密交談，侯生說：『我聽說調動晉鄙兵馬的虎符常常放在魏王的臥室裏面，而如姬是最受大王寵幸的妃子，經常進出大王的臥室，如果盡力，一定能夠偷到手。我聽說如姬的父親被人殺害，如姬重金懸賞了三年，地位在大王以下的人都想幫着她爲父親報仇，沒有一個人能夠成功。如姬對着公子您哭泣，您就派遣手下的賓客砍掉她的仇人的腦袋，恭敬地獻給如姬，如姬願意爲公子您去死，不會有什麼推辭的，衹是沒有報答您的途徑。公子確實能夠向如姬開口請求她幫忙的話，如姬肯定會答應您的請求的，那麼就可以得到虎符，奪取晉鄙手下的軍隊，向北可以救

漢虎符

虎符是兵權的象徵，古代帝王用來調兵遣將的工具。是由黃金或青銅做成的伏虎狀的令牌，劈成兩半，一半交由將帥，一半由帝王保存，衹有兩塊并用，方才可以調動兵將。

援趙國，向西可以打退秦國，這就像春秋時期五位霸主所進行的正義戰爭那樣啊。」公子無忌聽從了侯生的計策，請求如姬幫忙，如姬果然偷出調動晉鄙軍隊的兵符并把它給了公子無忌。

原文

公子行，侯生曰：『將在外，主令有所不受，以便國家。公子即合符，而晉鄙不授公子兵而復請之，事必危矣。臣客屠者朱亥可與俱，此人力士。晉鄙聽，大善；不聽，可使擊之。』於是公子泣。侯生曰：『公子畏死邪？何泣也？』公子曰：『晉鄙嚄唶宿將①，往恐不聽，必當殺之，是以泣耳，豈畏死哉？』於是公子請朱亥。朱亥笑曰：『臣乃市井鼓刀屠者，而公子親數存②之，所以不報謝者，以爲小禮無所用。今公子有急，此乃臣效命之秋③也。』遂與公子俱。公子過謝侯生。侯生曰：『臣宜從，老不能。請數公子行日，以至晉鄙軍之日，北鄉自剄，以送公子。』公子遂行。

至鄴，矯魏王令代晉鄙。晉鄙合符，疑之，舉手視公子曰：『今

吾擁十萬之衆，屯於境上，國之重任，今單車來代之，何如哉？』欲無聽。朱亥袖四十斤鐵椎④，椎殺晉鄙，公子遂將晉鄙軍。勒兵下令軍中曰：『父子俱在軍中，父歸；兄弟俱在軍中，兄歸；獨子無兄弟，歸養。』得選兵八萬人，進兵擊秦軍。秦軍解去，遂救邯鄲，存趙。趙王及平原君自迎公子於界，平原君負蘭⑤矢爲公子先引。趙王再拜曰：『自古賢人未有及公子者也。』當此之時，平原君不敢自比於人。公子與侯生決，至軍，侯生果北鄉自剄。

注釋

①嚄唶宿將：叱咤風雲的老將。嚄，大笑。唶，大呼。②存：指慰問，恤助。③秋：指時機。④椎：通『錘』，『鐵椎』，是古代一種形狀如瓜，帶柄的擊殺武器。⑤蘭：古代盛箭的袋子。

譯文

公子將要出發，侯生對他說道：『大將在外領兵征戰，君主的號令有的是可以不必接受的，這樣才有益於國家。即便您手中兵符與晉鄙手中的兵符相合，但晉鄙也可能不把軍隊的指揮權交給您，

而是再一次向魏王請示，那麼事情就危險了。我的朋友屠夫朱亥可以和您一起去，這個人是大力士，如果晉鄙聽從您的號令，那就太好了；如果他不聽從您的號令，可以讓朱亥擊殺他。』公子無忌在聽到侯生的話之後就哭了。侯生說：『公子您是怕死嗎？爲什麼要哭泣呢？』公子無忌說：『晉鄙是魏國一位勇猛善戰的老將，到了那裏之後恐怕他不會聽從我，必然要殺掉他，這是我哭泣的原因，難道我會怕死嗎？』在這種情況下，公子無忌去請求朱亥幫忙。朱亥笑着說：『我衹是集市上的一個拿着刀的屠夫，但公子您卻多次親自登門拜訪我，之所以沒有報答感謝您，是因爲我認爲小的禮節沒有什麼眞正的用處。現在公子您有危急的情況，這正是我爲您效力的時候啊！』於是朱亥和公子無忌一起向趙國進發。公子拜訪侯生并向他辭行，侯生說：『我理應跟您一起去，但因爲年老而不能成行。請讓我計算公子的行進日期，按照您到達晉鄙軍營的日期，我會面向北方自刎而死，就算是爲公子送行了。』公子無忌於是就出發了。

到了鄴地，公子無忌假稱魏王的命令要代替晉鄙指揮軍隊，晉鄙見兵符相合，但心裏還是懷疑，就抬起手來盯着公子無忌說道：『現在我統領十萬人的兵馬，駐扎在邊境，擔負着守衛國家的重大責任，現在您乘着一輛馬車來到這裏，想要接替我對軍隊的指揮權，爲什麼會這樣呢？』晉鄙想要不聽公子無忌的命令。朱亥從袖子裏拿出一個事先藏好的四十斤重的鐵錘，就錘死了晉鄙，公子於是成了晉鄙手下軍隊的統領。整頓軍隊時，公子發布命令說：『父親和兒子都在軍隊裏的，父親回家；兄長和弟弟都在軍隊裏的，哥哥回家；是家中唯一的兒子的，回家去奉養雙親。』得到選拔出來的士兵八萬人，公子無忌率領這些士兵攻打秦國的軍隊，解除了秦國軍隊對趙國的包圍，於是邯鄲得救，趙國也得以保存。趙王和平原君親自到邯鄲城的郊外迎接公子無忌，平原君身上背着裝滿箭的箭囊爲公子無忌帶路。趙王對着公子無忌拜了兩次，說道：『從古代以來，賢德的人沒有能趕得上公子您的。』在這個時候，平原君不敢拿自己跟公子無

錘中野義

鐵錘是自古已有的兵器，因鐵錘笨重，需力大者方能駕馭。朱亥用鐵錘擊殺晉鄙，展示了自己的實力，讓圍觀者膽寒。後周周德威武藝過人，偶在陣前展示錘法，令敵營中許多人心悸。

禮記曰：『主人就東階，客就西階。客若降等，則就主人之階。』

忌相比。公子無忌和侯生訣別之後，在他到達晉鄙軍營的那一天，侯生果然面向北方自刎而死。

原文 魏王怒公子之盜其兵符，矯殺晉鄙，公子亦自知也。已卻秦存趙，使將將其軍歸魏，而公子獨與客留趙。趙孝成王德公子之矯奪晉鄙兵而存趙，乃與平原君計，以五城封公子。公子聞之，意驕矜而有自功之色。客有說公子曰：『物有不可忘，或有不可不忘。夫人有德於公子，公子不可忘也；公子有德於人，原公子忘之也。且矯魏王令，奪晉鄙兵以救趙，於趙則有功矣，於魏則未爲忠臣也。公子乃自驕而功之，竊爲公子不取也。』於是公子立自責，似若無所容者。趙王埽除自迎，執主人之禮，引公子就西階①。公子側行辭讓，從東階上②。自言罪過，以負於魏，無功於趙。趙王侍酒至暮，口不忍獻五城，以公子退讓也。公子竟留趙。趙王以鄗爲公子湯沐邑，魏亦復以信陵奉公子。公子留趙。

公子聞趙有處士毛公藏於博徒③，薛公藏於賣漿家，公子欲見兩人，兩人自匿不肯見公子。公子聞所在，乃間步往從此兩人游，甚歡。平原君聞之，謂其夫人曰：『始吾聞夫人弟公子天下無雙，今吾聞之，乃妄從博徒賣漿者游，公子妄人耳。』夫人以告公子。公子乃謝夫人去，曰：『始吾聞平原君賢，故負魏王而救趙，以稱平原君。平原君之游，徒豪舉耳，不求士也。無忌自在大梁時，常聞此兩人賢，至趙，恐不得見。以無忌從之游，尚恐其不我欲也，今平原君乃以爲羞，其不足從游。』乃裝爲去。夫人具以語平原君。平原君乃免冠謝，固留公子。平原君門下聞之，半去平原君歸公子，天下士復往歸公子，公子傾平原君客。

注釋 ①引公子就西階：據《禮記・曲禮上》記載：『凡與客入者……主人就東階，客就西階。』這是古代升堂的禮節，古人以西邊爲尊，所以請客人就西階而上。這裏是趙王執主人之禮，所以引公子從西階而上。②從東階上：據《禮記·曲禮上》記載：『客若降等則就主人之階。』這裏是指公子自謙，所以降等隨主人從東階而上。③處士：古代有才德而隱居不做官的人。毛公、薛公，史佚其名。《漢書·藝文志》名家有《毛公九篇》，注云：『趙人，與公孫龍等并游平原君趙勝家。』師古注云：『此蓋《史記》所云「藏於博徒」者。』疑即此人。博徒：賭徒。

譯文

魏王對公子無忌偷他的兵符、假借王命殺死晉鄙的行爲非常生氣，公子無忌自己也知道。等到打退秦軍保全趙國之後，便派將令率領魏國軍隊回到了魏國，而公子無忌就一個人與他的賓客留在了趙國。趙國的孝成王對公子假借王命殺晉鄙、救趙國的恩德非常感激，於是和平原君商量，想把五座城池作爲公子無忌的封地。公子聽說之後，心中有了驕傲自滿的意思，臉上也帶有一種認爲自己功勞很大的神色。賓客中有人勸說公子說：『事情有的不可以忘記，也有的不可以不忘掉。如果是別人對公子有恩德，那麼公子您是不能忘掉的；如果是公子對別人有恩德，那麼希望公子能夠忘掉。況且假傳魏王的命令，奪取晉鄙手下軍隊來救援趙國，對趙國來說是有功勞了，對魏王來說就不一定是忠臣了。公子您竟然爲自己感到驕傲，并且覺得功勞很大，我私下裏認爲公子不應當這樣。』公子無忌聽了這些話以後立刻深深地責備自己，好像沒有地方可以讓他容身一樣。趙王親自打掃宮殿，使用主人的禮節，帶着公子無忌走西邊的臺階登上殿堂。公子無忌側着身子走，一再地推辭謙讓，從東邊的臺階登上了殿堂。他一直都說自己有罪，犯了過錯，因爲辜負了魏國，對趙國也沒有功勞。趙王陪着公子無忌喝酒，直到天黑，始終不好意思開口說要先給公子無忌五座城池作爲封邑的事情，因爲公子無忌一直都在謙讓、責備自己。公子無忌最終留在了趙國。趙王把五座城池封賞給公子無忌，作爲他住宿、齋戒沐浴的地方，魏王又把信陵封給了公子無忌。公子無忌還是留在了趙國。

公子無忌聽說趙國有位賢能的隱士毛公隱藏在賭徒之中，還有位薛公隱藏在賣酒的地方，公子無忌想要拜見這兩個人，但兩個人卻自己藏起來不願意與公子無忌見面。公子聽說兩個人的住處之後，就偷偷地步行到他們家裏與這兩個人交往，彼此都非常高興。平原君聽說之後，對他的夫人說道：『以前我聽說夫人您的弟弟是舉世無雙的人物，現在我聽說他竟然是一個胡亂跟賭徒、賣酒的人交往的人，公子他是個胡作非爲的人啊。』平原君的夫人把這話告訴了公子無忌，公子於是向平原君夫人告辭想要離開這裏，說：『以前我聽說平原君賢能，所以寧可辜負魏王也要救援趙國，借此來滿足平原君的要求。平原君與士人的交游，衹不過是爲了顯示自己富貴的豪放舉動罷了，并不是真的爲了求得賢士。無忌我自從在大梁的時候，就經常聽說這兩個人賢能，到了趙國之後，恐怕無法見到他們。以我的品德跟他們交往，尚且害怕他們不願意跟我交往，現在平原君竟然認爲這是羞恥的事情，他不值得交往。』於是收拾行裝準備離開。夫人把公子無忌的話詳細地告訴了平原君。平原君於是摘掉帽子，向公子無忌謝罪，堅持要讓公子留下。平原君的門客聽說這件事之後，一半人都離開平原君歸附了公子無忌，天下各國的士人也都投奔到公子無忌那裏，公子無忌讓平原君的門客感到傾慕。

原文

公子留趙十年不歸。秦聞公子在趙，日夜出兵東伐魏。魏王患之，使使往請公子。公子恐其怒之，乃誡門下：『有敢爲魏王使通者，死。』賓客皆背魏之趙，莫敢勸公子歸。毛公、薛公兩人往見公子曰：『公子所以重於趙，名聞諸侯者，徒以有魏也。今秦攻魏，魏急而公子不恤，使秦破大梁而夷先王之宗廟，公子當何面目立天下乎？』語未及卒，公子立變色，告車趣駕歸救魏。

魏王見公子，相與泣，而以上將軍①印授公子，公子遂將。魏安釐王三十年，公子使使遍告諸侯。諸侯聞公子將，各遣將將兵救魏。公子率五國之兵破秦軍於河外，走蒙驁。遂乘勝逐秦軍至函谷關，抑秦兵，秦兵不敢出。當是時，公子威振天下，諸侯之客進兵法，公子皆名之，故世俗稱《魏公子兵法》②。

秦王患之，乃行金萬斤於魏，求晉鄙客，令毀公子於魏王曰：『公子亡在外十年矣，今爲魏將，諸侯將皆屬，諸侯徒聞魏公子，不聞魏王。公子亦欲因此時定南面而王，諸侯畏公子之威，方欲共立之。』秦數使反間，僞賀公子得立爲魏王未也。魏王日聞其毀，不能不信，後果使人代公子將。公子自知再以毀廢，乃謝病不朝，與賓客爲長夜飲，飲醇酒，多近婦女。日夜爲樂飲者四歲，竟病酒而卒。其

伍員破楚

魏公子雖與魏王結怨，但當國家有難時，仍然義無反顧地回國救急。這方面，伍員的做法多少都讓人詬病，雖然楚平王殺他全家，但他畢竟是楚國人。伍員後帶吳破楚，殘害楚國民衆，實爲人不齒。

歲，魏安釐王亦薨。

秦聞公子死，使蒙驁攻魏，拔二十城，初置東郡。其後秦稍蠶食魏，十八歲而虜魏王，屠大梁。

注釋 ①上將軍：官名，統率軍隊的最高將領。②《魏公子兵法》：《史記集解》云：『劉歆《七略》有《魏公子兵法》二十一篇，圖七卷。』《漢書·藝文志》兵家類有《魏公子》二十一篇，圖十卷。自注云『今亡』。

譯文 公子無忌留在趙國，十年沒有回魏國。秦國聽說公子無忌在趙國，日夜不停地向東方派兵攻打魏國。魏王十分擔心，派使者到趙國去請公子無忌。公子怕魏王生氣怪罪自己，就告誡門下的賓客說：『如果有人敢爲魏王的使者通報，就殺死他。』賓客們都是背棄魏國來到趙國的，沒有人敢勸說公子無忌回魏國去。毛公和薛公兩個人到公子無忌那裏去拜見說：『公子您之所以能夠受到趙國的器重，名聲傳遍了諸侯的耳朵，那是因爲有魏國做後盾啊。現在秦國攻打魏國，魏國形勢危急而公子卻不知道體恤，假如秦國攻破大梁而踏平先王的宗廟，公子您還有什麼臉面立足於天下呢？』話還沒有說完，公子馬上就變了臉色，告訴負責車馬的人趕緊準備好馬車回去救援魏國。

魏王看到公子無忌回國，與他面對面地互相哭了起來，把上將軍的印信授予了公子無忌，公子無忌於是就當上了魏國的主將。魏安釐王在位的第三十年，公子無忌派遣使者通告所有諸侯。諸侯聽說公子無忌成了魏國軍隊的主將，各自派遣將領帶領軍隊救援魏國。公子無忌統率五個國家的軍隊在黃河以南地區打敗了秦國的軍隊，秦軍主將蒙驁逃跑。於是借着勝利的勢頭追擊秦國軍隊到了函谷關，把秦軍壓制在關內，使他們不敢再從函谷關出來。在這個時候，公子無忌的威名震動了天下，諸侯的門客紛紛向公子無忌獻上兵法，公子無忌把它們合在一起署上自己的名字，所以世上的人俗稱這本書爲《魏公子兵法》。

秦王爲此感到擔心，於是拿出萬斤黃金到魏國去行賄，他們找到晉鄙原來的門客，讓他們在魏王面前誹謗公子無忌說：『公子無忌在外國流亡了十年，現在做了魏國的主將，諸侯派來的將領都聽他的號令，諸侯們也衹是知道魏國有個公子無忌，而不知道有魏王，公子無忌也會想着借這樣的機會來面朝南方做魏國的大王，諸侯們畏懼公子的威名，現在也正打算擁立公子做魏王呢！』秦國多次派人到魏國使用反間計，假裝不知情，向人打聽公子無忌是否已經做了魏王。魏王每天都聽到誹謗公子的言論，時間長了不由得不相信，後來果然派人取代公子無忌成爲魏軍的主將。公子知道自己再次因爲受到讒言陷害而被廢黜，於是就說自己有病，再也不上朝，跟自己的賓客整夜整夜地飲酒，而且喝的都是烈酒，經常親近美女。不分晝夜飲酒作樂的生活持續了四年，最終因爲長期酗酒而得病去世，這一年，魏安釐王也死了。

秦國聽說公子無忌死去的消息之後，派蒙驁帶軍隊攻打魏國，攻占了二十座城池，開始設置東郡。後來秦國逐漸地像蠶吃桑葉一樣侵占魏國的土地，十八年之後俘虜了魏王，屠殺了大梁的百姓，魏國滅亡。

原文 高祖始微少時，數聞公子賢。及即天子位，每過大梁，常祠公子。高祖十二年，從擊黥布還，爲公子置守冢五家，世世歲以四時奉祠公子。

太史公曰：吾過大梁之墟①，求問其所謂夷門。夷門者，城之東門也。天下諸公子②亦有喜士者矣，然信陵君之接巖穴隱者，不恥下交，有以也。名冠諸侯，不虛耳。高祖每過之而令民奉祠不絕也。

注釋 ①大梁之墟：大梁自魏亡時被秦所屠，到司馬遷時已百有餘年，猶未恢復，所以司馬遷經過其地時仍然可以看到其殘破毀損的遺迹。②諸公子：當指信陵君以外的孟嘗君、平原君、春申君。

譯文 漢高祖劉邦最初身份低微的時候，多次聽說公子無忌賢明。等到登上天子之位以後，每次路過大梁，經常要祭祀公子無忌。高祖做皇帝的第十二年，從消滅發動叛亂的九江王英布的前綫回來，路過大梁，爲公子無忌的墳墓專門安排了五戶看守的人家，世世代代每年在春、夏、秋、冬四個季節按時祭祀公子無忌。

太史公司馬遷說：我從大梁的廢墟路過時，曾經向別人打聽所謂的那座夷門。夷門，就是城池的東門。天下諸侯的公子也有喜歡供養食客的，但是祇有信陵君能夠與那些隱居在山林洞穴中的人交往，不以降低身份與他們結交爲恥辱，也是有原因的啊！信陵君的名氣遠遠地超過了諸侯，的確不是虛假的言論啊。漢高祖每次經過大梁都會命令百姓祭祀信陵君，至今沒有斷絕。

【賞析】魏公子即信陵君，是『戰國四公子』之一。他名冠諸侯，聲震天下，其才德遠遠超過齊之孟嘗、趙之平原、楚之春申，《魏公子列傳》便是司馬遷傾注了高度熱情爲信陵君所立的一篇專傳。

從史書上看，年輕時候的公子無忌的確非常有才能，『爲人仁而下士……致食客三千人。諸侯以公子賢，多客，不敢加兵某魏十餘年』。謀魚符，奪兵權，『進兵擊秦軍……遂救邯鄲』。但是這樣一個文武雙全的皇親貴戚卻在相當長的時間裏得不到重用。如果其原因如上文所說的那樣，不能不說是一個遺憾。我想起毛遂自薦的故事，錐子如果要顯露自己的銳利，必須要把它放進袋子裏才行。可要是錐子太早的顯露鋒芒，那它可能要永遠錯過放進布袋子的機會了。魏公子無忌不就是一個很好的例子嗎？出於無心之言也好，爭強好勝也罷，『是後魏王畏公子之賢能，不敢任公子以國政』。從那以後，魏安釐王忌憚公子無忌的才能，不敢把國家大事託付給他，不讓他參與朝政。

【集評】【索隱述贊】信陵下士，鄰國相傾。以公子故，不敢加兵。頗知朱亥，盡禮侯嬴。遂卻晉鄙，終辭趙城。毛、薛見重，萬古希聲。

春申君列傳

題解 本篇出自《史記》卷七十八，列傳第十八。是戰國末期楚相春申君黃歇的專傳。春申君是楚國貴族，招攬門客三千餘人，爲「戰國四公子」之一。曾以辯才出使秦國，并上書秦王言秦楚宜相善。時楚太子完入質於秦，被扣留，春申君以命相抵設計將太子送回，隨後亦歸楚，任爲楚相。曾率兵救趙，又率六國諸侯軍攻秦，敗歸。後因貪圖富貴中李園圈套被謀殺。對於春申君其人，司馬遷作了大體公允的評述：「春申君之說秦昭王，及出身遣楚太子歸，何其智之明也！後制於李園，旄矣。」

原文 春申君者，楚人也，名歇，姓黃氏。游學博聞，事楚頃襄王。頃襄王以歇爲辯①，使於秦。秦昭王使白起攻韓、魏，敗之於華陽，禽魏將芒卯②，韓、魏服而事秦。秦昭王方令白起與韓、魏共伐楚，未行，而楚使黃歇適至於秦，聞秦之計。當是之時，秦已前使白起攻楚，取巫、黔中之郡，拔鄢郢，東至竟陵，楚頃襄王東徙治於陳

縣。黃歇見楚懷王之爲秦所誘而入朝，遂見欺，留死於秦。頃襄王，其子也，秦輕之，恐壹③舉兵而滅楚。

注釋 ①辯：善於辯論，有口才。②禽：同「擒」。按：「禽魏將芒卯」句在《戰國策・魏策三》、《史記・穰侯列傳》均作「走芒卯」。疑此處所載有誤。③壹：通「一」。

譯文 春申君，是楚國人，姓黃名歇。他四處游歷，廣泛地學習，擁有豐富的知識，侍奉楚國的頃襄王。頃襄王覺得黃歇善於辯論，就派他出使秦國。秦昭王命令白起率領軍隊攻打韓、魏兩國，在華陽這個地方打敗韓、魏兩國，并且俘虜了魏國主將芒卯，韓、魏兩國臣服并且聽命於秦國。秦昭王正向白起發布與韓、魏兩國共同攻打楚國的命令，秦軍還沒有啓程，作爲楚國使者的黃歇就正好已經趕到了秦國，聽說了秦國想要進攻楚國的打算。在這個時候，秦國因爲之前就已經派白起攻打楚國，占領了巫郡、黔中郡、鄢城、郢都，并且一直向東進攻到了竟陵。楚頃襄王衹能把國都向東遷到了陳縣。黃歇見到楚懷王受到秦國引誘而到秦國的朝堂去商談，於是受到欺騙，被秦國扣留并且死在了那裏。頃襄王，是楚懷王的兒子，秦國看不起他，黃歇憂慮秦國一旦發動戰爭就會滅亡楚國。

原文 歇乃上書說秦昭王曰：

天下莫強於秦、楚。今聞大王欲伐楚，此猶兩虎相與鬥。兩虎相與鬥而駑犬受其弊，不如善楚。臣請言其說：臣聞物至則反，冬夏是也；致至則危，累棋是也①。今大國之地，遍天下有其二垂②，此從生民已來，萬乘之地未嘗有也。先帝文王、莊王之身，三世不忘接地於齊，以絕從親之要③。今王使盛橋守事於韓，盛橋以其地入秦，是王不用甲，不信④威，而得百里之地。王可謂能矣。王又舉甲而攻魏，杜⑤大梁之門，舉河內，拔燕、酸棗、虛、桃，入邢，魏之兵雲翔而不敢捄。王之功亦多矣。王休甲息眾，二年而後復之；又并蒲、衍、首、垣，以臨仁、平丘，黃、濟陽嬰城而魏氏服；王又割濮磨之北，注齊秦之要⑥，絕楚趙之脊，天下五合六聚而不敢救。王之威亦單⑦矣。

注釋 ①致至：發展到極點。致，發展。累棋：高疊的棋子。②垂：通『陲』，邊境。二垂：指西部和北部的邊地。③從親：合縱親善。從，同『縱』，合縱。要：同『腰』，這裏指紐帶、關鍵之處。④信：通『伸』，伸展，伸張。⑤杜：堵塞。⑥注：打通，貫通。要：同『腰』。⑦單：通『殫』，盡的意思。

譯文 黃歇於是就寫信游說秦昭王說道：

『天下沒有一個國家能比秦、楚兩國更強大的了，現在我聽說大王您想要發兵攻打楚國，這就如同兩隻老虎互相爭鬥廝打一樣。兩隻老虎互相爭鬥的結果往往會讓最低賤的狗乘它們疲憊的時候向它們發動進攻，因此不如善待楚國。我希望您能夠讓我表達一下自己的看法：我聽說事情一旦發展到極致就必然會朝相反的方向發展，比如冬、夏兩個季節的變化就是這個樣子的；凡事到了極致就會變得危險，例如把棋子一顆一顆地摞起來就是如此。現在像秦國這樣的大國，其土地已經遍及天下從東到西、從南到北兩個方向，這樣廣闊的土地自從人類產生以來，就算一個擁有萬輛兵車的大國也是從來沒有過的。秦以前的帝王文王、莊王和大王自身，三代君主都沒有忘了要讓秦國的土地與齊國的土地接壤，來阻斷函谷關東面的諸國合縱結盟的要害地方。如今大王您派遣盛橋留下并侍奉韓國，盛橋就將他在韓國所管轄的土地并入了秦國的疆界，這意味着大王可以在不動用軍隊、不宣揚威力的前提下，就得到方圓百里的土地，大王可以說很有能力了。大王又派出穿着盔甲的士兵進攻魏國，秦軍堵在了魏國都城大梁的城門前面，占領了河內，攻占了燕、酸棗、虛、桃等地，秦軍攻打到邢地，魏國軍隊像被風吹散的雲一樣不敢與秦軍對敵。大王建立的功勛也算很多了。大王退兵停戰，讓士兵得到休養，兩年以後又一次出兵，又把蒲、衍、首、垣等地并入秦國版圖，秦軍兵臨仁、平丘兩座城的腳下，黃、濟陽兩城的軍隊退入城內，魏國投降，大王又割占了濮磿以北的土地，令軍隊進入了齊國和秦國之間的交通要道，切斷了楚國和趙國聯繫的通道，全天下五次合縱的六個國家聚集兵馬，卻不敢救援。大王的威風也算到達頂點了。

原文

王若能持功守威，絀攻取之心而肥仁義之地①，使無後患，三王不足四，五伯不足六也。王若負人徒之衆②，仗兵革之強，乘毀魏之威，而欲以力臣天下之主③，臣恐其有後患也。詩曰『靡不有初，鮮克有終』。易曰『狐涉水，濡其尾』。此言始之易，終之難也。何以知其然也？昔智氏見伐趙之利而不知榆次之禍，吳見伐齊之便而不知干隧之敗④。此二國者，非無大功也，沒利於前而易患於後也。吳之信越也，從而伐齊，既勝齊人於艾陵，還爲越王禽三渚之浦⑤。智氏之信韓、魏也，從而伐趙，攻晉陽城，勝有日矣，韓、魏叛之，殺智伯瑶於鑿臺之下。今王妒楚之不毀也，而忘毀楚之強韓、魏也，臣爲王慮而不取也。

注釋

①絀：減損，排除。肥：這裏是使動用法，意思是使肥沃、敦厚。地：心地，見地。②負：依恃，憑借。人徒：泛指人民。③臣：這裏是使動用法，意謂使臣服。主：指别國的諸侯。④便：利益。干隧之敗：指吳王夫差被越王勾踐戰敗後在干隧自殺。⑤禽：同『擒』。三渚之浦：又作『三江之浦』。浦，水邊。

譯文

大王若是能夠維持自己已經取得的功績，守住自己已經取得的威名，去除攻城略地的欲望，廣泛地實行仁政義舉，讓自己不用擔心以後會出現禍患，那麼夏禹、商湯、周文王這三位帝王也不足以與您相比，您可以成爲第四位帝王，齊桓公、晉文公、楚莊王、宋襄公、秦穆公這五位霸主也不足以與您相比，您可以成爲第六位霸主。但大王若是因爲自己手下士卒衆多而自負，想依仗軍隊強大，借着滅亡魏國的威勢，想着靠武力讓天下人臣服，成爲天下的主宰，那麼我害怕這麼做會在以後產生禍患。《詩經》中說道：『最初的開端沒有不好的，但很少能夠有個好的終結。』《易經》中說道：『狐狸蹚水過河，會沾濕自己的尾巴。』這都是在說開始的時候容易，但要想有個好的結果卻很難！憑借什麼知道這一點呢？昔日智氏看到了進攻趙國所帶來的好處，但卻不知道後來在榆次發生的災禍；吳國看到了攻打齊國帶來的好處，但卻不知道後來會在干隧被越國打敗。智氏和吳國這兩個國家，不是沒有建立巨大的功業，因爲被眼前利益所蒙蔽，換來了後面的患禍。吳王夫差因爲聽信了越王勾踐的話，就去攻打齊國，在艾陵打敗了齊人之後，卻在返回時被越王勾踐在三渚河邊俘虜。智氏因爲相信韓、魏兩家會幫助自己，就去進攻趙氏，攻打晉陽這座城池的時候，眼看勝利衹要幾天就可以到手了，韓、魏兩家卻背叛了他，在鑿臺這個地方殺死了智瑤。如今大王您由於恨楚國沒有被秦國滅亡的原因，忘了滅亡楚國就會讓韓、魏兩國變得強大，我出於對大王您的擔心，勸您不要采取滅亡楚國的策略。

原文

詩曰：『大武遠宅而不涉。』從此觀之，楚國，援也；鄰國，敵也。詩云『趯趯毚兔，還犬獲之。他人有心，余忖度之』。今王中道而信韓、魏之善王也，此正吳之信越也。臣聞之，敵不可假①，時不可失。臣恐韓、魏卑辭除患而實欲欺大國也。何則？王無重世②之德於韓、魏，而有累世之怨焉。夫韓、魏父子兄弟接踵而死於秦者將十世矣。本國殘，社稷壞，宗廟毀。刳腹絕腸，折頸摺頤③，首身分離，暴骸骨於草澤，頭顱僵仆，相望於境，父子老弱繫脰④束手爲群虜者相及於路。鬼神孤傷，無所血食⑤。人民不聊生，族類離散，流亡爲僕妾者，盈滿海內矣。故韓、魏之不亡，秦社稷之憂也，今王資之與攻楚，不亦過乎！

兔

俗語云『狡兔三窟』，但是狡兔若在地面任意穿行，終不免被獵狗俘獲。春申君黃歇用此例來告戒秦昭王要小心謹慎。

注釋　①假：寬容。②重世：數世，累世，長時間的意思。③摺：通『折』，折斷損毀。頤：面頰。④脰：脖子。⑤血食：指鬼神接受祭祀。古時祭祀時殺牲取血用來敬神，故稱血食。

譯文　《詩經》中說道：『進行大規模的戰爭，如果遠離自己的家園，那麼就不應該長途跋涉。』從這句詩來看，楚國，實際上是秦國的援軍啊；鄰國，才是大王真正的敵人啊。《詩經》中還說道：『狡猾的兔子蹦蹦跳跳，一遇到獵狗就會被抓住，別人心裏想什麼，我可以揣摩得到。』如今大王您相信位於秦國和楚國之間的韓、魏兩國會對您親善，這正是吳國輕易相信越國那樣啊。我聽說過，對待敵人不能夠給他們空閑的時間，時機不可以失去。我害怕韓、魏兩國用謙卑的語言消除自己的禍患，但事實上卻是要欺騙強大的秦國。這是爲什麼呢？大王您對韓、魏兩國沒有世代相傳的恩德，但世世代代都有仇恨。那韓、魏兩個國家的父子兄弟腳跟挨着腳尖地被秦軍殺死的人即將有十代人了，他們自己國家的土地殘缺不全，國家社稷受到損害，王室的宗廟被毀壞。兩國的人民被剖開腹部，割斷腸子，脖子被折斷，面容被毀壞，身體和頭顱分開，尸體的骸骨暴露在荒郊野外，頭顱被扔到了地上，在兩國國境之內隨處都可以見到。兩個國家裏的父親和兒子、老人和體弱之人被繩子捆住了脖子和雙手，成爲一群又一群的俘虜，在路上連續不斷地行走。死去的鬼魂孤單哀傷，沒有享受到祭祀之物。韓、魏兩個國家的百姓無法生存，同一個宗族的人都離別分散。流亡到外地成了別人的奴僕和侍妾的人，充滿了四海之內。因此韓、魏兩國衹要還沒有滅亡，就是威脅秦國江山社稷的隱患，如今大王您爲他們提供幫助并且跟他們共同攻打楚國，不也是一種過錯嗎？

原文　且王攻楚將惡[1]出兵？王將借路於仇讎之韓、魏乎？兵出之日而王憂其不返也，是王以兵資於仇讎之韓、魏也。王若不借路於仇讎之韓、魏，必攻隨水右壤。隨水右壤，此皆廣川大水，山林谿谷，不食之地也，王雖有之，不爲得地。是王有毀楚之名而無得地之實也。

且王攻楚之日，四國必悉起兵以應王。秦、楚之兵構而不離②，魏氏將出而攻留、方與、銍、湖陵、碭、蕭、相，故宋必盡。齊人南面攻楚，泗上必舉。此皆平原四達，膏腴之地，而使獨攻。王破楚以肥韓、魏於中國而勁齊。韓、魏之強，足以校③於秦。齊南以泗水爲境，東負海，北倚河，而無後患，天下之國莫強於齊、魏，齊、魏得地葆利而詳事下吏④，一年之後，爲帝未能，其於禁王之爲帝有餘矣。

注釋 ①惡：哪裏，怎麼。②構而不離：兩軍交戰後形成拉鋸狀態，攻戰不做。構，交戰。③校：通『較』，較量，對抗。④葆：通『保』，保持，維護。詳：通『佯』，假裝。事：指事奉。下吏：下級官吏。

野哭

中國自古征戰頗多，尤其是春秋戰國時期，戰亂頻仍，百姓民不聊生，郊外枯骨無人拾掇。甚至於到親人墓前哭泣也成爲一種奢望。後來曹操曾作詩云『白骨露於野，千里無鷄鳴』，極形象地說明了這種情況。

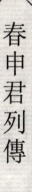

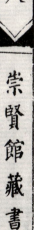

譯文 況且大王在攻打楚國的時候會怎樣出兵呢？大王是不是會從仇人韓、魏兩個國家借道呢？從秦軍出發的那天起，大王就要憂慮他們能不能回到秦國了，這就是大王您在用軍隊幫助自己的仇人韓國、魏國啊。大王若是不從自己的仇人韓、魏兩國那裏借路，就一定要進攻隨水右邊的土地。可是隨水右邊的土地，全都是廣袤的大山大河，山峰、密林、小谿、深谷，這都是無法種植糧食的地方，大王即使占有這些地方，也算不上是獲得了土地。這樣做的話，大王衹是有一個滅亡楚國的名聲，卻不會得到楚國土地這樣的實際收穫。

況且大王出兵攻打楚國的那一天，趙、韓、魏、齊四個國家必然全都會出兵響應大王。秦國和楚國的軍隊一旦交戰就沒有休止，魏國就會趁機出兵攻打留、方與、銍、湖陵、碭、蕭、相這些地方，以前宋國境內的所有土地就會被魏占領。齊國的軍隊向南方攻打楚國，泗上的土地必然會被齊國占領。這一帶全都是平原，四個方向全都相同，這樣肥沃的土地，卻被齊國獨自占領。大王打敗楚國，卻讓韓、魏兩國在中原地區變得更加強大，齊國也成了秦國的勁敵。韓、魏兩國變得強大，就有足夠的力量與秦國對抗。齊國的南方把泗水當作邊界，東面靠着大海，北面憑借黃河，沒有後方產生的危險，那麼天下諸侯的國家沒有比齊、魏兩國更加強大的了，齊、魏兩國得到土地之後保持既得利益，其國內的下級官吏謹慎地治理，一年以後，就算稱帝的能力不足，他們阻攔大王您稱帝的實力還是有富餘的。

原文 夫以王壤土之博，人徒之眾，兵革之強，壹舉事而樹怨於楚，遲令韓、魏歸帝重於齊①，是王失計也。臣爲王慮，莫若善楚。秦、楚合而爲一以臨韓，韓必斂手。王施以東山之險，帶以曲河之利，韓必爲關內之侯。若是而王以十萬戍鄭，梁氏寒心，許、鄢陵嬰城，而上蔡、召陵不往來也，如此而魏亦關內侯矣。王壹善楚，而關內兩萬

乘之主注地於齊，齊右壤可拱手而取也。王之地一經兩海②，要約③天下，是燕、趙無齊、楚，齊、楚無燕、趙也。然後危動燕、趙，直搖齊、楚，此四國者不待痛④而服矣。

昭王曰：『善。』於是乃止白起而謝韓、魏。發使賂楚，約爲與國。

注釋 ①遲：當，乃。這句話的意思是：這就會讓韓、魏尊齊稱帝。②一經：指橫貫。兩海：西海和東海，這裏指從東到西。③要約：約束，管束。④痛：急攻，痛擊。

譯文 借着大王您國土的廣闊、人口的衆多、軍隊的強大，一旦起兵跟楚國結下了仇怨，遲早會讓韓、魏兩國尊齊國爲帝，使齊國得到重視，這是大王計謀的失誤啊。我出於爲大王所做的考慮，沒有比善待楚國更好的辦法了。秦、楚兩國聯合起來，形成一股力量來進逼韓國，韓國必然會收斂手腳。大王憑借東山的險要地勢進行布置，憑借黃河彎曲環繞的有利地形，韓王必然就衹能成爲秦國國內的一個侯爵，臣服於秦國。若是這樣的話，大王用十萬軍隊去把守鄭地，魏國就會從心裏感到陣陣寒意，

許、鄢陵兩地就會因爲害怕而將兵馬退縮進城內，而上蔡、召陵兩地也就不會再有來往了，若是這樣的話，魏王也衹能成爲秦國國內的一位侯爵。大王您一旦善待楚國，那麼函谷關以內韓、趙這兩個擁有萬輛兵車的大國的國君就會把目標集中在齊國的土地，那麼齊國西部的土地可以一拱手就得到了。大王您所擁有的土地一旦橫貫東、西兩面的大海，控制、約束天下所有的諸侯，這樣燕國和趙國就無法得到齊國和楚國的援助，齊國和楚國也無法得到燕國和趙國的援助。這之後大王直接攻打燕國和趙國，直接攻擊齊國和楚國，那麼這四個國家不用等到猛力攻擊就會向秦國臣服。』

秦昭王聽了春申君的話以後，說道：『好！』於是就命令白起停止攻打楚國，推辭了韓、魏兩國。派使者送了豐厚的禮物給楚國，約定與楚國結成盟國。

原文 黃歇受約歸楚，楚使歇與太子完入質於秦，秦留之數年。楚頃襄王病，太子不得歸。而楚太子與秦相應侯善，於是黃歇乃說應侯曰：『相國誠善楚太子乎？』應侯曰：『然。』歇曰：『今楚王恐不起疾，秦不如歸其太子。太子得立，其事秦必重而德相國無窮，是親與國而得儲①萬乘也。若不歸，則咸陽一布衣耳；楚更立太子，必不事秦。夫失與國而絕萬乘之和，非計也。原相國孰慮之。』應侯以聞秦王。秦王曰：『令楚太子之傅先往問楚王之疾，返而後圖之。』黃歇爲楚太子計曰：『秦之留太子也，欲以求利也。今太子力未能有以利秦也，歇憂之甚。而陽文君子二人在中，王若卒大命②，太子不在，陽文君子必立爲後，太子不得奉宗廟矣。不如亡秦，與使者俱出；臣請止③，以死當之。』楚太子因變衣服爲楚使者御以出關，而黃歇守舍，常爲謝病。度太子已遠，秦不能追，歇乃自言秦昭王曰：『楚太子已歸，出遠矣。歇當死，原賜死。』昭王大怒，欲聽其自殺也。應侯曰：『歇爲人臣，出身以徇其主④，太子立，必用歇，故不如無罪而歸之，以親楚。』秦因遣黃歇。

歇至楚三月，楚頃襄王卒，太子完立，是爲考烈王。考烈王元年，以黃歇爲相，封爲春申君，賜淮北地十二縣。後十五歲，黃歇言之楚王曰：『淮北地邊⑤齊，其事急，請以爲郡便。』因并獻淮北十二縣。請封於江東。考烈王許之。春申君因城故吳墟，以自爲都邑。

注釋　①儲：保存，蓄存。②大命：天年，壽命。③止：留下。④出身：獻身的意思。徇：通『殉』，爲自己認爲值得的事而作出犧牲。⑤邊：毗鄰，鄰接。

譯文　黃歇拿到秦國與楚國的條約之後就回到了楚國，楚王派遣黃歇和太子完進入秦國當人質，秦王留他們在秦國有幾年的時間。楚頃襄王得了病，太子完卻無法回到楚國。因爲楚國太子完跟秦國的相國應侯范雎交情很好，在這種情況下黃歇就游說應侯范雎：『相國您確實對楚國的太子很好嗎？』應侯范雎說：『是這樣的。』黃歇就說：『如今楚王得的病恐怕是無法治好的，秦國不如讓楚王的太子回到國內，太子得以被立爲國王，他對秦國的侍奉一定會非常恭敬，對相國您的感激也永遠不會窮盡，這樣做既可以讓楚國更加親近秦國，也可以爲秦國保存一個擁有萬輛兵車的大國作爲後援力量。若是不讓太子完回到楚國，他衹不過是咸陽城裏的一個平民而已。楚王如果另立太子，那麼日後必然不會再侍奉秦國。失去楚國親附秦國的機會，斷絕一個擁有萬輛兵車的大國的盟友，這可不是好的謀略啊。我希望相國您能仔細地考慮這件事情。』應侯范雎把這件事說給秦王，秦王對應侯范雎說：『那就讓楚國太子的老師先回楚國去慰問楚王的病情到底怎麼樣了，等太子的老師回來以後再討論這件事。』黃歇給楚國太子完出謀劃策時說道：『秦國要讓太子您留下，是想要追求利益啊。如今太子您的能力還沒有什麼可以讓秦國得到的好處，我黃歇很爲您擔憂啊。而且陽文君所生的兩個兒子都在楚國國內，大王若是突然去世的話，太子您不在楚國國內，如果陽文君的兒子被擁立爲大王之後的君主，那麼太子您就得不到祭祀宗廟的資格了。不如逃出秦國，跟到楚國去的使臣一起出城，我願意留在秦國，拿我的性命來承擔這件事的後果。』楚國的太子完於是改變了自己的裝束，假扮爲楚國使臣的車夫，借此出了函谷關。黃歇守在太子原來所居住的館舍裏面，總是以太子完生病爲借口來推脫前來拜訪的客人。黃歇揣度太子已經離開秦國很遠了，秦國的人不能追上他的時候，才主動向秦昭王報告：『楚國的太子已經回到了楚國，他出了函谷關，現在已經走得非常遠了。我黃歇應當是死罪，願意讓您賜我死罪。』秦昭王非常惱怒，想要聽任他自殺。應侯范雎說：『黃歇是楚國的臣子，爲了主人甘願獻出自己的生命，太子完繼位爲楚王之後，必然會重用黃歇，因此不如不治他的罪，讓他回到楚國，這樣可以讓秦國和楚國更加親善。』秦國於是派人把黃歇送回了楚國。

黃歇到楚國衹有三個月，楚國的頃襄王就去世了，太子完被立爲楚王，他就是楚國的考烈王。考烈王即位的第一年，就任命黃歇做了楚國的宰相，給他的封號是春申君，賜予他淮河以北的十二個縣作爲封邑。十五年後，黃歇向楚王進言說道：『淮河以北的地區是楚國和齊國的邊界，現在那裏的軍事狀況緊急，請求把那裏設置爲一個郡，這樣比較方便。』春申君順勢一并獻出了楚王賞賜給他的在淮河以北的十二個縣，并請求楚王把自己的封地轉到江東地區。考烈王准許了。春申君於是就在吳國都城以前的廢墟脩了一座城池，拿它當作自己的都邑。

穰苴斬監

成大事者不可畏首畏尾，應當機立斷。春申君這裏也是爲了顧全楚太子的性命，所以先斬後奏。田穰苴爲齊國將軍時，因監軍莊賈無視軍紀，穰苴當機立斷，營前將莊賈斬首，明正軍紀。

原文　春申君既相楚，是時齊有孟嘗君，趙有平原君，魏有信陵君，方爭下士，招致賓客，以相傾奪，輔國持權。

春申君爲楚相四年，秦破趙之長平軍四十餘萬。五年，圍邯鄲。邯鄲告急於楚，楚使春申君將兵往救之，秦兵亦去，春申君歸。春申君相楚八年，爲楚北伐滅魯，以荀卿爲蘭陵令。當是時，楚復強。

年表云八年取魯，封魯君於莒，十四年而滅也。

趙平原君使人於春申君，春申君舍之於上舍。趙使欲誇楚，爲玳瑁簪①，刀劍室②以珠玉飾之，請命春申君客。春申君客三千餘人，其上客皆躡珠履以見趙使③，趙使大慚。

春申君相十四年，秦莊襄王立，以呂不韋爲相，封爲文信侯。取東周。

春申君相二十二年，諸侯患秦攻伐無已時，乃相與合從，西伐秦，而楚王爲從長，春申君用事。至函谷關，秦出兵攻，諸侯兵皆敗走。

楚考烈王以咎春申君，春申君以此益疏。

客有觀津人朱英，謂春申君曰：『人皆以楚爲強而君用之弱，其於英不然。先君時善秦二十年而不攻楚，何也？秦逾黽隘之塞而攻楚，不便；假道於兩周，背韓、魏而攻楚，不可。今則不然，魏旦暮亡，不能愛許、鄢陵，其許④魏割以與秦。秦兵去陳百六十里，臣之所觀者，見秦、楚之日鬥也。』楚於是去陳徙壽春；而秦徙衛野王，作置東郡。春申君由此就封於吳，行相事。

注釋　①玳瑁簪：用玳瑁的角質板製成的首飾。②刀劍室：刀和寶劍的鞘。③躡：脚穿着。珠履：飾有珍珠的鞋子。④其許：也許，或許。

譯文　春申君做了楚國的國相，在那個時候齊國有一位孟嘗君，趙國有一位平原君，魏國有一位信陵君，他們全都爭相降低自己的身份去結交賢士，招納賓客，并且互相爭奪對方手下的賢士，他們輔佐國君，同時掌管了國家的政權。

春申君做楚國相國的第四個年頭，秦國大敗趙國派往長平的四十多萬軍隊。春申君做楚國相國的第五年，秦國出兵包圍了邯鄲。在邯鄲的趙王派人向楚國報告危急，請求援助，楚國國王派春申君帶領軍隊前往趙國援救，秦軍也因此退了兵，春申君於是率領軍隊回到楚國。春申君在楚國擔任國相的第八年，爲楚國率兵向北進攻魯國并滅亡了它，讓荀卿做了蘭陵這個地方的最高長官。就在這一時期，楚國再次變得強大。

趙國的平原君派遣使者到春申君那兒，春申君讓這些使者住進了上等館舍。趙國使者想要在楚國人的面前炫耀一下，就用玳瑁做成的頭簪簪頭髮，刀鞘、劍鞘上用珍珠和美玉進行裝飾，向春申君請求允許會見他手下的門客。春申君的門客有三千多人，其中尊貴的門客全都在腳上穿着用珍珠裝飾的鞋來會見趙國使者，趙國使者十分慚愧。

春申君擔任楚國相國的第十四年，秦國的莊襄王即位，把呂不韋任命爲秦國的國相，封他做了文信侯。在這一年，秦國滅亡了東周。

春申君擔任楚國相國的第二十二年，各個諸侯國擔憂秦國對天下諸侯的攻打沒有休止，就互相簽訂了合縱盟約，共同向西方出兵攻打秦國，楚王被推舉爲合縱國的首領，讓春申君掌權。聯軍來到函谷關前，秦國派兵攻打聯軍，各個諸侯派出的軍隊全都被秦軍打敗、逃跑了。楚國的考烈王認爲這是春申君的過錯，春申君也因爲這件事跟考烈王的關係變得更加疏遠。

春申君手下的門客裏有位從觀津來的名叫朱英的人，對春申君說道：『人們全都覺得楚國是個強大的國家，但您受到重用以來卻讓楚國變弱了。這在我朱英看來是不正確的。先王在位時與秦國友善，因此秦國在二十年的時間裏都沒有攻打楚國，什麼原因呢？秦國想要越過黽隘這樣的要塞來進攻楚國，是不便利的；想要從東周、西周借道，背對韓、魏兩國來攻打楚國，也不可以。如今卻不是這樣了，魏國在很短的時間內就會被秦國滅亡，它不能再吝惜許地和鄢陵了，它也許會割讓這兩個地方給秦國。那樣，秦軍距離楚國都城陳地就衹有一百六十里了，我所看到的未來，是秦國和楚國變得日益激烈的爭鬥場面。』楚王在聽到春申君轉述朱英的話之後，就將都城從陳地遷到了壽春；而秦國聽說之後就把附屬於自己的衛國的都城從濮陽遷到了野王，設置東郡。春申君從這時開始來到了自己的封地吳地，但仍然行使宰相的職權。

原文

楚考烈王無子，春申君患之，求婦人宜子者進之，甚眾，卒無子。趙人李園持其女弟，欲進之楚王，聞其不宜子，恐久毋寵。李園求事春申君爲舍人，已而謁[1]歸，故失期。還謁[2]，春申君問之狀，對曰：『齊王使使求臣之女弟，與其使者飲，故失期。』春申君曰：『娉[3]入乎？』對曰：『未也。』春申君曰：『可得見乎？』曰：『可。』於是李園乃進其女弟，即幸於春申君。知其有身，李園乃與其女弟謀。園女弟承間以說春申君曰：『楚王之貴幸君，雖兄弟不如也。今君相楚二十餘年，而王無子，即百歲後將更立兄弟，則楚更立君後，亦各貴其故所親，君又安得長有寵乎？非徒然[4]也，君貴用事久，多失禮於王兄弟，兄弟誠立，禍且及身，何以保相印江東之封乎？今妾自知有身矣，而人莫知。妾幸君未久，誠以君之重而進妾於楚王，王必幸妾；妾賴天有子男，則是君之子爲王也，楚國盡可得，孰與身臨不測之罪乎？』春申君大然之，乃出李園女弟，謹舍⑤而言之楚王。楚王召入幸之，遂生子男，立爲太子，以李園女弟爲王后。楚王貴李園，園用事。

李園既入其女弟，立爲王后，子爲太子，恐春申君語泄而益驕，陰養死士，欲殺春申君以滅口，而國人頗有知之者。

注釋 ①謁：請假。②謁：進見，請求拜見的意思。③娉：通『聘』，以財禮訂婚。④徒然：僅僅這樣子。⑤謹舍：謹慎嚴密地安排住所。

譯文 楚國的考烈王沒有子嗣，春申君非常擔心這件事，尋找女子中適合生育兒子的獻給考烈王，進獻的女子很多，但考烈王最終還是沒有兒子。從趙國來到楚國的李園帶來了自己的妹妹，想要獻給楚王，聽說楚王很難生養兒子，害怕時間一長他的妹妹也不會再受到楚王的寵幸。李園請求成爲一位侍奉春申君的門客，沒過多久便請假回家，但是故意不按規定的時間返回。回來以後去拜望春申君，春申君向他詢問延誤期限的情況，李園答道：『齊王派使者找我，想要我妹妹，我跟齊國使者一塊飲

酒，因此耽誤了回來的期限。』春申君對李園說：『齊王送訂婚的聘禮給你了嗎？』李園答道：『沒有。』春申君說：『可不可以讓我見見你妹妹？』李園說道：『可以。』在這時李園才把妹妹獻給春申君，立即受到春申君的寵幸。知道妹妹懷了孕，李園就跟她的妹妹商量計策。李園的妹妹趁機對春申君說道：『楚王對您非常器重和寵愛，就算是楚王的親兄弟，也不如您在楚王心裏的位置重要。如今您擔任楚國相國已經二十多年了，但楚王卻沒有兒子來繼承王位，等到楚王去世之後就衹能改立他的兄弟爲王，楚國改換了君主，也會像現在的楚王一樣重用自己以前所親近的人，您又怎能受到長時間的寵愛呢？不光是這樣，您由於身份尊貴，掌握楚國朝政大權時間很長，很多情況下對楚王的兄弟都失禮了，楚王的兄弟果真繼承王位，那麼災禍就會降臨到您的身上，您憑借什麼來保住自己相國的大印和江東的封地呢？如今我已經知道自己懷孕了，但別人卻沒有知道的。我被您寵幸的時間還不是很長，假如確實能夠憑借您那尊貴的身份把已經懷孕的我進獻給楚王，楚王必然會寵幸我，如果我依賴上天的保佑能夠生下一個兒子的話，那就是您的兒子當了楚王，楚國全都被您得到了，與您遭遇難以預測的災禍相比，哪種決定會更好一些呢？』春申君認爲這樣做是非常正確的，就送李園的妹妹出了

無望謂不望而忽至也。

楚捍有母弟猶，猶有庶兄負芻及昌平君，是楚君完非無子，而上文云考烈王無子，誤也。

自己的家，仔細地安排好她的住處，并且對楚王說李園的妹妹如何美貌賢德。楚王把她召入王宮寵幸了她，後來果眞生了個男孩，這個男孩被立爲太子，把李園的妹妹封爲王后。楚王器重李園，李園掌握了楚國大權。

李園送自己的妹妹進入楚國王宮以後，他的妹妹被冊封爲皇后，妹妹所生的兒子也被冊立爲太子，他恐怕春申君會說出這個秘密，於是變得越來越驕橫，并且暗地裏豢養了一批願意爲自己去死的武士，想要殺死春申君滅口，但是國都中知道這件事的人也不少。

原文 春申君相二十五年，楚考烈王病。朱英謂春申君曰：『世有毋望①之福，又有毋望之禍。今君處毋望之世，事毋望之主，安可以無毋望之人乎？』春申君曰：『何謂毋望之福？』曰：『君相楚二十餘年矣，雖名相國，實楚王也。今楚王病，旦暮且卒，而君相少主，因而代立當國，如伊尹、周公，王長而反政，不即遂南面稱孤而有楚國？此所謂毋望之福也。』春申君曰：『何謂毋望之禍？』曰：『李

園不治國而君之仇也，不爲兵而養死士之日久矣，楚王卒，李園必先入據權而殺君以滅口。此所謂毋望之禍也。』春申君曰：『何謂毋望之人？』對曰：『君置臣郎中，楚王卒，李園必先入，臣爲君殺李園。此所謂毋望之人也。』春申君曰：『足下置②之，李園，弱人也，僕③又善之，且又何至此！』朱英知言不用，恐禍及身，乃亡去。

後十七日，楚考烈王卒，李園果先入，伏死士於棘門之內。春申君入棘門，園死士俠④刺春申君，斬其頭，投之棘門外。於是遂使吏盡滅春申君之家。而李園女弟初幸春申君有身而入之王所生子者遂立，是爲楚幽王。

是歲也，秦始皇帝立九年矣。嫪毐亦爲亂於秦，覺，夷其三族⑤，而呂不韋廢。

注釋 ①毋望：不期而至，忽然來到。②置：放棄。③僕：對自己的謙稱。④俠：通『夾』，

爲受到春申君的寵幸而懷孕，後來又被進獻給楚考烈王，生下了一個兒子，這個兒子繼承了王位，這位楚王就是楚幽王。

這一年，秦朝的始皇帝已經即位九年了，嫪毐也在秦國，因爲跟天后淫亂，被秦王發覺，秦王滅了嫪毐的三族，秦國的相國呂不韋也被罷黜。

原文 太史公曰：吾適楚，觀春申君故城，宮室盛①矣哉！初，春申君之説秦昭王，及出身遣楚太子歸，何其智之明也！後制於李園，旄②矣。語曰：『當斷不斷，反受其亂③。』春申君失朱英之謂邪？

注釋 ①盛：規模盛大，壯觀美麗。②旄：通『耄』，年老糊塗。③亂：禍害。

譯文 太史公說：我到了原來楚國的土地，見到了春申君受封的城邑，宮室的規模可以說是非常宏大！最初，春申君游說秦昭王，以及他挺身而出把楚國的太子完送回楚國，他表現出來的智慧多麼高明！後來受到李園的制約，又是多麼昏庸糊塗啊！俗話說：『應當做出決斷的時候卻不做出決斷，反過來就要遭受它帶來的禍亂。』說的不就是春申君在朱英的正確意見面前所表現出來的失誤嗎？

賞析 春申君『以身徇君』（《太史公自序》）是對暴秦以強凌弱的一種抗爭，一定程度上維護了楚國的利益，是值得稱道的明智之舉。但綜觀他的一生所作所爲，惟繫於『富貴』二字，即如他『招致賓客，以相傾奪』，無非是把賓客當作顯示富貴的擺設而已，讓賓客『躡珠履』與趙使競豪奢即爲一例。因此，他不可能得到賢才，即使有朱英那樣的人也衹能『恐禍及身』遠離而去。他最後落得悲慘下場，正如鍾惺所言『富貴到手，器滿志昏』，具有必然性。至於他的上秦王書，不過是嫁禍於人，求得苟安罷了。從長遠的觀點看，它等於是獻給秦王滅楚的大計，實在不算『明智』。

明凌稚隆說：『按此傳前叙春申君以智能安楚，而就封於吳，後叙春申君以奸謀盜楚，而身死棘門，爲天下笑。模寫情

楊玉環

女子不過是男子或政治的附屬品。西施如此，貂蟬、王昭君都不例外，甚或是著名的楊貴妃。她本是壽王李瑁之妻，後被明皇看中。壽王無奈，衹得休妻，然後將她送與明皇。這裏李園之妹先依附春申君，後被楚王恩遇，同楊玉環的遭遇頗爲相似。

事，春申君殆兩截人。』（《史記評林》）從行文看，本傳可以春申君任相前後分爲兩個時期，前期重點寫其『智』，後期重點寫其『昏』，并各選擇一件事情作具體的描述，兩件事情又都有首有尾，像是獨立成篇的生動故事，而前後兩期又形成鮮明的對比，從而突出了春申君由明智而昏聵的性格變化，給人以完整而明晰的印象。

集評【索隱述贊】黃歇辯智，權略秦、楚。太子獲歸，身作宰輔。珠炫趙客，邑開吳土。烈王寡胤，李園獻女。無妄成災，朱英徒語。

司馬遷及史記

一、關於司馬遷

（一）有關司馬遷生年的意見分歧

關於司馬遷的生年，有前一四五年和前一三五年兩種說法。

司馬遷生於前一四五年取自《太史公自序》的《正義》，所依據的是唐代張守節《正義》注稱：『太初元年，遷年四十二歲。』從太初元年（前一〇四年）往上推四十二年，即景帝中元五年（前一四五年）。王國維、梁啓超等人支持此說。

司馬遷生於前一三五年取自《太史公自序》的《索隱》，依據晉代張華《博物志》稱：『太史令，茂陵顯武里大夫司馬遷，年二十八，三年六月乙卯除，六百石。』也就是說，漢武帝元封三年（前一〇八年），司馬遷升爲太史令，年二十八歲，由此上推二十八年，即武帝建元六年（前一三五年）應爲司馬遷生年。郭沫若等人支持此說。持『前一三五年說』者，千方百計證明《博物志》是對的，而認爲張守節《正義》的記載是錯誤的。理由主要有以下幾點：其一，《博物志》該條所錄的是漢代記籍簿，它記載着司馬遷的姓名、年齡、居住地、官爵、拜官年月和俸祿等等。如此詳細而眞切，是錄自漢代文書，這是一種原始材料，它的價値遠遠超過一般史書中的材料。其二，司馬遷《報任安書》中有一句話：『今僕不幸早失二親。』如按《正義》所言司馬遷生於景帝中元五年，元封元年（前一一〇年）其父司馬談死時，司馬遷應是三十六歲。按常理，三十六歲死去父母說不上『早失二親』。如按《博物志》所言，司馬遷生於武帝建元六年，即二十六歲父死，早失父母尙說得過去。其三，司馬遷《報任安書》作於征和二年（前九一年），如果他生於景帝中元五年，這一年應是五十五歲，他做郎中是在二十歲左右漫游各地回來後的事，那麼，他應該說待罪輦轂下三十餘年了。顯然，司馬遷不會連自己做過的事都記不清楚。衹有晚生十年，即武帝建元六年，才符合其說。

持『前一四五年說』者除依據張守節的《正義》外，還提出以下幾個問題或論據。其一，王國維在《太史公行年考》中認爲後人引用《博物志》『年二十八』應是『年三十八』之誤。《正義》注稱太初五年，司馬遷『年四十二』是正確的。其二，根據《史記·游俠列傳》所載武帝元朔二年（前一二七年），下令將各地資財三百萬緡以上的富戶遷往茂陵，郭解財產不多，也被強行遷徙，司馬遷也見到郭解，他說：『吾觀郭解狀貌不及中人，言語不足采者。』若司馬遷生於武帝建元六年，當時年僅九歲，絕不可能對人有如此深刻的觀察和心理活動。如果按司馬遷生於景帝中元五年，年齡爲十九歲，似更合適。其三，根據《漢書·儒林傳》，司馬遷曾向孔安國學習古文，然據《史記·孔子世家》和《資治通鑒》，孔安國在元朔二年爲博士，元朔二年司馬遷年方九歲，一個九歲的孩子是不可能去太學向一個經學大師求教和商量問題的，如果生於景帝中元五年，此年十九歲，似較合理。

目前，史學界多采用前一四五年一說。

（二）有關司馬遷出生地的爭議

司馬遷字子長，左馮翊夏陽（今陝西韓城）人。《太史公自序》云：『遷生龍門，耕牧河山之陽。』此龍門在何處，歷來有兩種不同的觀點，一說在今陝西韓城，一說在今山西河津。最早持陝西韓城說者是唐代的張守節，他在《史記》『正義』中說龍門山在夏陽縣（今韓城）。韓城鬼東鄉徐村住有同、馮二姓，均自認爲是司馬遷後裔。他們自稱，原本爲司馬姓氏，因爲司馬遷受宮刑，後人感到不光彩，因此改了姓氏。他們在司馬的『司』字左邊加一豎，成爲『同』字，在『馬』字左邊加兩點，成爲

『馮』字，陝西韓城芝川鎮司馬遷廟可爲佐證。持山西河津說者認爲，自古以來，龍門（包括龍門山、禹門口）都記載在山西河津。黃河自西北而東南出禹門口，急轉彎由北而南流去，正是司馬遷所說的『耕牧河山之陽』的地方。據悉此處曾有『漢太史司馬故里』碑，衹可惜此碑興脩水利時被毀。而且現在該村仍有司馬姓氏的居民。

（三）關於司馬遷的生平

司馬遷出生於中下層官吏家庭。其高祖司馬昌在秦始皇時做過鐵官。其曾祖司馬無澤，在漢初做長安的一個『市長』。其祖司馬喜，沒有做官，有第九等爵位，爲五大夫。司馬遷的家庭在漢文帝時可能是所謂『中人之家』，以農業、畜牧業致富，因而能夠出粟買爵。遷父司馬談，在漢武帝建元年間（前一四〇—前一三五年）作了太史令。太史令是史官，是漢武帝新恢復的一種古官，官位不高，職權不大，主管天時星曆、祭祀禮儀、搜羅并保管典籍文獻。史官掌握文化知識，是歷史上出現最早的一種官。從殷周到春秋戰國，史官的職權、地位逐漸降低，但他們的政治地位從來沒有改變。他們的職掌，歷代相傳，最重要的是爲王家記言記事。在殷周時代，他們記錄的是王室的言和事。在春秋戰國時代，他們記錄的範圍擴大到各國統治者及其卿大夫的言和事。但到武帝時，太史令并沒有這項職掌，司馬談自覺地按照古代史官傳統，準備要爲新興的封建統治階級記言記事。他在大約三十年（前一四〇—前一一一年）的太史令職守上，在『百年之間，天下遺文古事靡不畢集太史公』的便利條件下，不僅有論述歷史的志願和計劃，而且很可能已開始了部分的撰述工作。

司馬遷

司馬談是一個淵博的學者，對於天文、歷史、哲學都深有研究，所著《論六家要旨》一文，對先秦各家主要學說作了簡要而具有獨特眼光的評論。這對司馬遷的早期教育無疑有重要意義。將近十歲時，司馬遷隨就任太史令的父親遷居長安，以後曾師從董仲舒學習《春秋》，師從孔安國學習古文《尚書》，這一切都奠定了他的學問的基礎，二十歲那年，他開始廣泛的漫游。據《史記・太史公自序》，這一次游歷到達今天的湖南、江西、浙江、江蘇、山東、河南等地，尋訪了傳說中大禹的遺迹和屈原、韓信、孔子等歷史人物活動的舊址。漫游回來以後，仕爲郎中，又奉使到過四川、雲南一帶。以後因侍從武帝巡狩封禪而游歷了更多的地方。他的幾次漫游，足迹幾乎遍及全國各地。漫游開拓了他的胸襟和眼界，使他接觸到各個階層各種人物的生活，并且搜集到許多歷史人物的資料和傳說。這一切，對他後來寫作《史記》起了很大作用。司馬遷繼承父親的思想，用儒家所說的禮作爲行爲的規範和衡量歷史上是非得失的準則。他認爲：『有國者不可以不知《春秋》，前有讒而弗見，後有賊而不知。爲人臣者不可以不知《春秋》，守經事而不知其宜，遭變事而不知其權。爲人君父而不通於《春秋》之義者，必蒙首惡之名。爲人臣子而不通於《春秋》之義者，必陷簒弑之誅，死罪之名。故《春秋》者，禮義之大宗也。』司馬遷從父親司馬談那裏，可以說得到兩份遺産。一份是太史職掌的學問，其中可能包括司馬談已經寫成的史文；另一份是儒家的學問，主要是《春秋》之學。但司馬遷并不以此二者爲限，他有自己的一家之言。也是因他有一家之言，中國歷史上開始有歷史家的出現。漢武帝元封元年（前一一〇年），司馬談去世。臨終前，把著述歷史的未竟之業作爲一項遺願囑託給司馬遷。

元封三年（前一〇八年），司馬遷繼任太史令。此後，他孜孜不倦地閱讀國家藏書，研究各種史料，潛心於著史，并參與了《太初曆》的制定工作。就在這過程中，發生了一場巨大的災難。天漢二年（前九九年），李陵抗擊匈奴，力戰之後，兵敗投降。消息傳來，武帝大爲震怒，朝臣也紛紛附隨斥駡李陵。司馬遷憤怒於安享富貴的朝臣對冒死涉險的將領如此毫無同情心，便陳說李陵投降乃出於無奈，以後必將伺機報答漢朝。李陵兵敗，實由武帝任用無能的外戚李廣利爲主帥所致。司馬遷的辯護，觸怒了武帝，他因此受到腐刑的懲罰。對於司馬遷來說，這是人生的奇恥大辱，遠比死刑更爲痛苦。在這一事件中，他對專制君主無可理喻的權力、對人生在根本上爲外力所

李陵碑楊業死節

李陵抗擊匈奴失敗，投降匈奴，震怒了漢武帝，也使牽扯其中的司馬遷遭受了宮刑。楊業兵敗之後，被遼國大軍圍困於李陵碑附近的狼心窩。楊業不願像李陵那樣投降匈奴，就碰李陵碑而死，以死明志。

壓迫的處境，有了新的認識。他一度想到自殺，但他不願寶貴的生命在毫無價値的情況下結束，於是隱忍苟活，在著述歷史中求得生命的最高實現。這也正是一位學者對君主的淫威和殘酷的命運所能采取的反抗形式。在《報任安書》中，司馬遷對於自己的際遇和心情作了一個完整的交代，此後其事迹不清，大概卒於武帝末年。

（四）關於司馬遷的卒年

王國維考證司馬遷死於前八七年。正史中未載司馬遷卒年，有人認爲這是司馬遷善終的證明，也有人認爲這恰恰說明司馬遷死得不明不白，大有疑問。《史記集解》引東漢學者衛宏《漢舊儀注》云：『司馬遷作《景帝本紀》，極言其短，及武帝過，武帝輕而削去之。後坐舉李陵，李陵降匈奴，故下蠶室。有怨言，下獄死。』葛洪《西京雜記》也有相類似的記載。有人據此認爲司馬遷是因作《報任安書》而死的。郭沫若認爲司馬遷下獄的事世上必有流傳，故衛宏、葛洪均筆之於書。衛宏和葛洪都是當時頗有名望的大學問家，不會無中生有，歪曲事實。班固在《漢書・司馬遷傳》的『贊』中嘆息『以遷之博物智聞而不能以知自全』，悲其『既陷極刑』之後，又『不能自保其身』，這說明司馬遷不是自然之死。《漢書》載司馬遷被宮刑之後，又『尊寵任職』，爲中書令（皇帝的御用秘書），可說是『載卿相之列』。郭沫若認爲《鹽鐵論・周秦篇》中的既『下蠶室』而後又『就刀鋸』，就是暗指司馬遷的再度下獄致死之事。對此，有的學者則提出異議。目前尚存有關衛宏提及太史令和司馬遷行事的記載，共有四條，經考證，至少有兩條不符合史實，故衛宏說司馬遷『下獄死』一事，殆不可信，至少也是孤證。古人認爲『身體髮膚受之父母，不敢毀傷』，《漢書》嘆司馬遷『既陷極刑』，『不能自保其身』，應當從古人的這種含義上來理解。《鹽鐵論・周秦篇》文學之言與司馬遷根本風馬牛不相及，『下蠶室』之後又『就刀鋸』，原意衹是指一種刑罰所造成的社會不良風氣，乃證明漢武帝嚴峻之法的無效，不能解釋爲司馬遷兩次下獄。也有人認爲司馬遷可能死於漢武帝晚年的『巫蠱之獄』。巫蠱案發於征和元年（前九二年），身爲治巫蠱使者的江充與衛太子有怨，恐武帝晏駕後爲太子所誅，遂大開殺戒以借機剪除太子。太子殺江充後自殺，武帝窮治巫蠱之獄，轉而窮治太子死之獄，一直到征和四年（前八九年），前後死者達十幾萬，司馬遷的好友任安，就是『巫蠱之獄』的殉難者之一。這場災難，涉及到當時許多文武官員，司馬遷恐怕也難以幸免。又據《史記》記事內容分析，太初四年至征和二年還有記事，征和一年後無記事，司馬遷很可能是《漢書》所云『巫蠱之禍，流及士大夫』的犧牲者。

還有人主張司馬遷死於武帝之後，《史記》各篇裏有漢世宗的謚號『武帝』。『武帝』係漢世宗劉徹死後，後人所追封，如司馬遷死在武帝之前，怎麼會知道這謚號呢？有人考證司馬遷《報任安書》作於征和二年（前九一年）十一月，距武帝駕崩僅四年，從《報任安書》的內容來看，知道當時《史記》尚未全部完成，此後必有脩整補輯，故涉及武帝的地方，改稱謚號，則不足爲奇了。

二、關於《史記》

（一）《史記》的版本

司馬遷雖然是受過宮刑的人，但有一個女兒是肯定無疑的。《漢書·楊敞傳》記載：『敞子惲，惲母司馬遷女也。惲始讀外祖《太史公記》，頗爲《春秋》，以才能稱，好交英俊諸儒。』《同州府志·列女傳》也說：『楊夫人者，漢太史司馬遷女，丞相安平侯楊敞之妻也。漢昭帝崩，昌邑王賀即帝位，淫亂。大將軍霍光與車騎將軍張安世謀欲廢賀更立帝。議已定，使大司農田延年報敞。敞驚愕不知所言，汗出浹背，徒曰唯唯而已。延年出更衣，夫人遽從東廂謂敞曰：「此國之大事，今大將軍議已定，九卿報君侯，君侯不疾應，與大將軍同心，猶豫無決，先事誅矣。」延年從更衣還，敞夫人與延年參語，許諾，請奉大將軍教令，其廢昌邑王，立宣帝。居月餘，敞薨，蓋封三千五百戶。君子謂夫人可謂知事之機者矣。』

從上述史料看，司馬遷的女兒及外孫楊惲，是機智果敢的有才能的人物。《史記》之所以能流傳後世，實爲此兩人的功勞。《史記·太史公自序》云『藏之名山』的隱語，就是將《史記》正本藏在西嶽華山腳下的華陰，那裏是楊惲的老家。正如王國維在《太史公行年考》中所說：『《史記》一書，傳布最早，《漢書》本傳，遷既死後，其書稍出，宣帝時，遷外孫平通侯楊惲祖述其書，遂宣布焉。所謂宣布者，蓋上之於朝，又傳寫以公於世也。』可以想象，在當時司馬遷『下獄死』而查抄的情況下，司馬遷的女兒保藏了《史記》，而司馬遷的外孫楊惲又救活了《史記》！司馬遷死後許多年，他的外孫楊惲才把這部五十二萬多字的不朽名著公諸於世。司馬遷的《史記》有正本和副本兩種，從《史記·太史公自序》中說正本『藏之名山，副在京師』。所謂副本存於漢廷天祿閣或石渠閣。朝廷和諸儒所見之《史記》，即副本。東漢王棄在引用《史記》文章時，未注明《史記》出處，有人因此猜測可能《史記》

當時副本又錄副本，東漢時洛陽書肆可能就有副本抄本出售，司馬遷手書副本可能毀於王莽之亂。

現存早期的版本之一南宋黃善夫家塾刻本，被公認爲善本，經商務印書館影印收入百衲本《二十四史》。一九五九年中華書局出版標點校勘本《史記》，便於閱讀，所據底本爲金陵書局刻本。

（二）《史記》及其相關著作的介紹

《史記》約成書於前一〇四年至前九一年，原本沒有書名。司馬遷完成這部巨著後曾給當時的大學者東方朔看過，東方朔非常欽佩，就在書上加了『太史公』三字。『太史』是司馬遷的官職，『公』是美稱，『太史公』衹是表明誰的著作而已。後來，班固的《漢書·藝文志》在著錄這部書時，改成《太史公百三十篇》，後人又簡化成《太史公記》、《太史公書》、《太史公傳》。久而久之，人們根據《太史公記》而省略成《史記》。梁啓超曾稱贊這部巨著是『千古之絕作』（《論中國學術思想變遷之大勢》），魯迅譽之爲『史家之絕唱，無韵之離騷』（《漢文學史綱要》）。

《史記》是一部貫穿古今的通史，從傳說中的黃帝開始，一直寫到漢武帝元狩元年（前一二二年），叙述了我國三千年左右的歷史。全書略於先秦，詳於秦漢，所述秦商鞅變法至漢武帝晚年的歷史，約占全書篇幅的五分之三左右。據司馬遷說，全書有本紀十二篇，表十篇，書八篇，世家三十篇，列傳七十篇，共一百三十篇。

本紀實際上就是帝王的傳記，因爲帝王是統理國家大事的最高的首腦，爲他們作紀傳而名之曰本紀，正所謂顯示天下本統之所在，使官民行事都有一定的綱紀的緣故。同時，本紀也是全書的總綱，是用編年體的方法記事的。在本紀的寫作中，司馬遷采取了詳近略遠的辦法，時代愈遠愈略，愈近愈詳。本紀托始黃帝，是因爲黃帝是中華民族的始祖。將項羽列入本紀，一是秦漢間幾年『政由羽出』，一是推崇其人格。

表，所以列記事件，使之綱舉而目張，以簡御繁，一目了然，便於觀覽、檢索。

書，是記載歷代朝章國典，以明古今制度沿革的專章，非是熟悉掌故的史家，是無法撰寫成書的。班固《漢書》改稱志，成爲通例。書的脩撰，爲研究各種專門史提供了豐富的資料。

世家是記載諸侯王國之事的。這因諸侯開國承家，子孫世襲，所以他們的傳記叫作世家。從西周開始，發展到春秋、戰國，各諸侯國先後稱霸稱雄，盛極一時，用世家體裁記述這一情況，是非常妥

劉向

劉向，沛縣（今屬江蘇）人，西漢著名的經學家、目錄學家、文學家。其所撰《別錄》是我國最早的圖書公類目錄，因此被公認爲中國目錄學之祖。他還編訂了《戰國策》和《楚辭》。

當的。司馬遷把孔子和陳勝也列入世家，是一種例外。孔子雖非王侯，但卻是傳承三代文化的宗主，更何況漢武帝時儒學獨尊，孔子是儒學的創始人，將之列入世家也反映了思想領域的現實情況。至於陳勝，不但是首先起義亡秦的領導者，且是三代以來以平民起兵反抗殘暴統治的第一人，而亡秦的侯王又多是他建置的。司馬遷將之列入世家，把他的功業和湯放桀、武王伐紂、孔子作《春秋》相比，將他寫成爲震撼暴秦帝國統治、叱咤風雲的偉大歷史英雄，反映了作者進步的歷史觀。列傳是記載帝王、諸侯以外的各種歷史人物的。有單傳，有合傳，有類傳。單傳是一人一傳，如《商君列傳》、《李斯列傳》等。合傳是記二人以上的，如《管晏列傳》、《老子韓非列傳》等。類傳是以類相從，把同一類人物的活動，歸到一個傳內，如《儒林列傳》、《循吏列傳》、《刺客列傳》等。司馬遷把當時我國四周少數民族的歷史情況，也用類傳的形式記載下來，如《匈奴列傳》、《西南夷列傳》、《大宛列傳》等，這就爲研究我國古代少數民族的歷史，提供了重要的史料來源。班固在《漢書·司馬遷傳》中提到《史記》缺少十篇。三國曹魏張晏指出這十篇是《景帝本紀》、《武帝本紀》、《禮書》、《樂書》、《律書》、《漢興以來將相年表》、《日者列傳》、《三王世家》、《龜策列傳》、《傳靳蒯成列傳》。其中《武帝本紀》、《三王世家》、《龜策列傳》和《日者列傳》四篇由漢博士褚少孫補缺。《漢書·藝文志》載馮商續補《太史公》七篇，韋昭注云馮商『受詔續《太史公書》十餘篇』，劉知幾認爲續補《史記》的不祗是褚、馮兩家，而有十五家之多，『《史記》所出，年止太初，其後劉向，向子歆，及諸好事者，若馮商、衛衡、揚雄、史岑、梁審、肆仁、晉馮、段肅、金丹、馮衍、韋融、蕭奮、劉恂等相繼撰續，迄於哀平間，尤名《史記》』。後人大多數不同意張晏的說法，但《史記》殘缺是確鑿無疑的。

《史記》以後的歷代正史，除極個別例外，都是由朝廷主持、按照君主的意志脩撰的，是名副其實的官史。而司馬遷雖然是朝廷的史官，但《史記》卻并不體現最高統治者漢武帝的意志。據說武帝讀

《史記》後，對其中幾篇感到憤怒，下令加以刪削，這也是有可能的。司馬遷寫《史記》秉筆直書，在某些方面，敢於批評朝廷，這是爲建統治者所不能允許的。朝廷對《史記》既憎之，又重之，秘不示人，閱讀範圍限制於朝廷上層的極少一部分人中。朝廷曾下詔刪節和續補《史記》。《後漢書·楊終傳》云，楊終『受詔刪《太史公書》爲十餘萬言』。被刪後僅十餘萬言的《史記》，在漢以後即失傳，以後一直流傳的是經續補的《史記》。許多人認爲褚少孫是《史記》的主要續補者，但是他到底補缺多少，各人說法不一。張晏認爲褚少孫續補四篇。但姚振寧在《隋書·經籍志考證》中說《史記》缺少十五篇，全由褚少孫續補。有的人認爲《傳靳蒯成列傳》文章，格調酷似司馬遷，褚少孫未必能寫出如此文章。

《史記》取材相當廣泛。當時社會上流傳的《世本》、《國語》、《國策》、《秦記》、《楚漢春秋》、諸子百家等著作和國家的文書檔案，以及實地調查獲取的材料，都是司馬遷寫作《史記》的重要材料來源。特別可貴的是，司馬遷對搜集的材料做了認眞分析和選擇，淘汰了一些無稽之談。對一些不能弄清楚的問題，或者采用闕疑的態度，或者記載各種不同的說法。由於取材廣泛，脩史態度嚴肅認眞，

所以，《史記》記事翔實，內容豐富。《史記》的貢獻和特點主要有這樣幾個方面：

①開創了紀傳體的體例。

紀，指本紀，即皇帝的傳記；傳，指列傳，是一般大臣和各式人物的傳記。歷史人物是豐富多彩的，歷史現象是紛紜複雜的。怎樣才能把大千世界的各種人和事都包容在一部書裏呢·司馬遷在前人的基礎上，在《史記》中以本紀、表、書、世家、列傳五體結構，創造性地探索了以人物爲主體的歷史編纂學方法。本紀按年代順序記叙帝王的言行和政績；表按年代譜列各個時期的重大事件；書記錄了各種典章制度的沿革；世家載述諸侯國的興衰和傑出人物的業績；列傳記載各種代表人物的活動。司馬遷創造性地把這五種體裁綜合起來，形成一個完整的統一體系。

②《史記》開創了政治、經濟、民族、文化等各種知識的綜合纂史方法。

《史記》從傳說中的黃帝開始，一直寫到漢武帝時期，記載了我國近三千年的歷史。是我國第一部規模宏大、貫通古今、內容廣博的百科全書式的通史。在《史記》中，司馬遷第一個爲經濟史作傳，如《平準書》、《貨殖列傳》；司馬遷又第一個爲少數民族立傳，如《匈奴列傳》、《西南夷列傳》；他

還第一個爲卑微者列傳，如《刺客列傳》、《游俠列傳》。《史記》第一次把政治、經濟、文化各個方面都包容在歷史學的研究範圍之內，從而開拓了歷史學研究的新領域，推動了我國歷史學的發展。由於紀傳體可以容納廣泛的內容，有一定的靈活性，又能反映出封建的等級關係，因而這種撰史方法，爲歷代史家所采用，影響十分深遠。

③秉筆直書，是我國寶貴的史學傳統，司馬遷的《史記》對此有很好的發揮。

所謂秉筆直書，就是史學家必須忠於史實，既不溢美，也不苛求，按照歷史的本來面貌撰寫歷史。《史記》明確表示反對那種『譽者或過其失，毀者或損其眞』的做法。項羽是司馬遷心目中的英雄，因此，司馬遷以極大的熱情和強烈的愛記述了項羽的偉業。但對於項羽的驕傲自大和企圖以武力征服天下的致命弱點，司馬遷也進行了深刻的批判。對於先秦的法家和秦代的暴政，從感情上司馬遷是憤恨的，但他做到了不因憎而增其惡。相反，對法家的改革和秦代統一中國的歷史作用，他都予以充分的肯定。正因爲司馬遷的實錄精神，才使《史記》以信史聞名於世。

《史記》還貫穿一條重要綫索，即重視人的歷史作用。司馬遷是反天命的。強調人是歷史的中心。因此，他在寫帝王將相的同時，注意爲社會上的各種人立傳，尤其是把農民起義的領袖陳勝、吳廣，放到與王侯功臣以及封建社會的聖人孔子同等的地位來寫。所以在《史記》中，既有戰國七雄、蕭何、張良、孔子的世家，同時也有陳勝的世家。

司馬遷也很重視物質生產活動在歷史上的作用，把經濟狀況同政治上的治亂興衰緊密地聯繫在一起。他還強調總結歷史經驗。提出以史爲鏡，鑒往知來的思想。由於司馬遷在歷史編纂學上的偉大創造精神，他的進步的史學思想和嚴謹的治史方法，使《史記》成爲我國史學史上一座巍峨的豐碑，司馬遷也贏得了『中國史學之父』的美名。

④《史記》也是一部形象生動的歷史文學，它的文采歷來爲我國文學界所稱頌，它開創了我國傳記文學的先河。

司馬遷像一個出色的畫家，以他那十分傳神的畫筆，爲我們勾畫出一個個栩栩如生的人物畫像；又像一位善於捕捉瞬間的雕塑家，以他那鋒利的刻刀，爲我們塑造了一個個風采各異的雕像。在《史記》這座人物畫廊裏，我們不僅可以看到歷史上那些有作爲的王侯將相的英姿，也可以看到妙計藏身的士人食客、百家爭鳴的先秦諸子、『爲知己者死』的刺客、已諾必誠的游俠、富比王侯的商人大賈以及醫卜、俳優等各種人物的風采，給人以美的享受和思想上的啓迪。司馬遷創造性地把文、史熔鑄於一爐，爲我們寫下了一部形象的歷史。正因爲如此，在我國浩瀚的歷史著作中，《史記》擁有的讀者量是首屈一指的。

《史記》在我國比較廣泛地傳播流行，大約是在東漢中期以後。它成爲司馬遷著作的專稱，也開始於這個時候。據現有材料考證，最早稱司馬遷這部史著爲《史記》的，是東漢桓帝時寫的《東海廟碑》。到唐朝時候，由於古文運動的興起，文人們對《史記》給予了高度的重視，當時著名散文家韓愈、柳宗元等都對《史記》特別推崇。宋元之後，歐陽脩、鄭樵、洪邁、王應麟各家，以及明朝的公安派、清朝的桐城派，都十分贊賞《史記》的文筆。於是《史記》的聲望與日俱增，各家各派注釋和評價《史記》的書也源源不斷出現。其中最有影響的是俗稱『三家注』的《史記集解》（南朝宋裴駰注）、《史記索隱》（唐司馬貞注）和《史記正義》（唐張守節注）。《集解》兼采當時裴駰所能見到的前人有關《史記》諸書的研究成果，并一一注明作者名字，一絲不苟。《索隱》進一步指出了《集解》中考證不當的錯處，并對《史記》原文提出辨正，發語警辟。《正義》的作者長於輿地之學，對《史記》中地名的考證尤爲精辟。讀《史記》原文，同時看一看這三家注，對原書會有更進一步的理解。一九五九年中華書局重新標點排印的《史記》，就是與這三家注合刻的本子。

由於司馬遷受時代的限制，《史記》也存在某些缺點與不足之處。例如，存在天命、災異和歷史循環論的神秘思想的影響。在《六國年表序》論述秦并天下的原因時，指出這是『天所助』的結果。《高祖本紀》帶有『三統循環論』的色彩，以爲『三五之道若循環，終而復始』。在《天官書》中，記述各種特殊的自然天象時，常常與人事聯繫在一起，更多地表現了災異的神秘思想。這些説明《史記》在『究天人之際』時，仍然沒有擺脫『天人感應』神學思想的影響。

《史記》成書後，由於它『是非頗謬於聖人，論大道則先黃老而後六經，序游俠則退處士而進奸雄，述貨殖則崇勢利而羞賤貧，此其所蔽也』（《漢書·司馬遷傳》），被指責爲對抗漢代正宗思想的異端代表。因此，在兩漢時，《史記》一直被視爲離經叛道的『謗書』，不但得不到應有的公正評價，而且當時學者也不敢爲之作注釋。唐初，《隋書·經籍志》在介紹《史記》、《漢書》的流傳時說『《史記》傳

揚雄

揚雄，字子雲，西漢蜀郡成都人。西漢官吏、學者。少時好學，博覽多識，長於辭賦。

者甚微』，司馬貞也說：『漢晉名賢未知見重。』（《史記索隱》序）我們注意到漢晉時期對《史記》也有一些積極的評價，如西漢劉向、揚雄『皆稱遷有良史之材，服其善序事理，辨而不華，質而不俚，其文直，其事核，不虛美，不隱惡，故謂之實錄』（《漢書·司馬遷傳》）。西晉華嶠也說：『遷文直而事核。』（《後漢書·班彪傳論》，據李賢注，此句爲華嶠之辭。）在晉代，也有人從簡約的角度誇獎《史記》。張輔說：『遷之著述，辭約而事舉，叙三千年事唯五十萬言。』（《晉書·張輔傳》）這些評價雖然不錯，但在今天看來，卻還遠不足以反映出《史記》的特殊地位，因爲得到類似評價的史書并不止《史記》一家。在相當長的一段時間裏，人們并沒有把《史記》看得很特殊。這與我們對待《史記》的態度大不相同。

自宋以後，研究《史記》的著述增多了，較有代表性的如清梁玉繩的《史記志疑》、崔適的《史記探源》、張森楷的《史記新校注》、日本學者瀧川資言的《史記會注考證》，以及清趙翼的《廿二史札記》和王鳴盛《十七史商榷》的有關部分，都是重要的參考書籍。張文虎著《校刊史記集解索隱正義札記》一書對《史記》的史文及注文進行了精審的校訂。他根據錢泰吉的校本和他自己所見到的各種舊刻古本和時本，擇善而從，兼采諸家，金陵書局本就是經過他的校考之後刊行的。

日本學者瀧川資言撰《史記會注考證》，資料比較翔實。各種版本《史記》包括標點本多祇附錄三家注，《考證》則以金陵書局本爲底本，引錄三家注以來有關中日典籍約一百二十多種，其中國人著作一百零幾種，日人著作二十幾種，上起盛唐，下迄近代，別擇綴輯於注文中，時加審辨說明，將一千二百年來諸家衆說，以事串聯，較爲系統地介紹出來，大大節省搜檢群書之勞，爲研究者提供極大方便，顯然比三家注優越。《考證》資料豐富還表現在《正義》佚文整理上。三家注原各自單獨成書，自宋代合刻於《史記》正文下，妄加刪削，大失原貌，尤以張守節《正義》最爲嚴重，後世通行本《史記》三家注皆襲此。可是張書既不像《索隱》有單刻本流傳，也不像《集解》有宋版《史記》集解本存世，以致佚文極難搜集。瀧川從日本所藏幾種古本《史記》校記中，輯得《正義》佚文一千二三百條，補入書內。這些資料有人認爲并非全部是張書原文，但它們對探求《正義》原貌或理解《史記》，俱有裨益。另外，《考證》內容繁富。裴駰等三家注解一般局限於就事論事，瀧川卻綜合歷代研究成果，聯比考索，對史實、文字、詞語進行考辨、校訂、解釋，從而揭示出某些史事演變竄易、文字歧異正誤、疑難文句意義，以及記載矛盾、失誤。對前人未加解說或解之未詳的亦往往加以考說。《史記》一書，多采舊典。瀧川常於正文之下，指出此事見於某書，與他書文字有異，也予注明。由於《左傳》、《國語》、先秦諸子俱在，因而春秋史事出處，幾乎逐節逐事交代明白，便於溯本求源、比勘研究。《考證》特別注重地理，每一地名，必注今地名，有助於了解事件的演變和人物的活動。此外，正文、注文全部斷句，這在標點問世之前，不能不說是一項成果。全書末附有瀧川所撰《史記總論》，論述了司馬遷事歷和《史記》作書資料、體例、流傳、演變、版本等事，不失爲研究司馬遷其人其書的有用材料。應當指出，《考證》一書是有缺點的，有的還是比較突出的。首先在資料方面仍有遺漏，黃震、鮑彪、吳師道、張鵬一、雷學淇等人說法就未羅致。尤其令人遺憾的是，金石文字和近人論著汲取不多，

甚至連王國維的《殷卜辭中所見先王先公考》也衹字未載。其次，在材料抉擇去取之間，也有偏守一說、疏漏失當之處；而摘引某些評論，既違背考證體例，見解又頗爲迂腐。在某些問題上，則徘徊兩可，甚少發明。再次，瀧川資言在訓詁方面，有時失於強自爲解，斷句亦有失誤。但從總體講，張森楷《史記新校注稿》雖於六十年代影印問世，卻已部分殘缺，其他《史記》校證，固不乏精審之作，然未成書，因此《考證》縱然有不少缺點，仍瑕不掩瑜。在當前《史記》新集釋性注本未出現之前，《考證》堪稱是資料最豐富的《史記》注本，是研究《太史公書》和中國古代史的重要參考書。

《考證》雖參校了一些本子，可是不作校記而徑改徑補。後來水澤利忠在五十年代撰《史記會注考證校補》，以補其闕。它以《考證》本爲底本，廣校衆本達三十多種，參考中日校記資料近四十種。其中宋本八種、元本二種、日本古本四種、敦煌寫本殘卷三種、日本古抄本殘卷十幾種，現存版本網羅殆盡。《考證》輯錄《正義》佚文，省略出處，《校補》爲之一一注明。又據二十多種日本古抄本校記等資料增輯《正義》佚文二百餘條，其中保存了少數失傳的古書文字。同時對《考證》遂錄三家注張冠李戴錯誤，也加以訂正。彙集歷代學者的注釋，加上他自己的考證，內容相當豐富，造詣非淺。中

華書局新標點本在總結前人研究成果的基礎上，對《史記》重新作了校點。

（三）《史記》的意義和影響

《史記》作爲第一部傳記文學的確立，是具有世界意義的。過去歐洲人以歐洲爲中心，他們稱古希臘的普魯塔克爲『世界傳記之王』。普魯塔克大約生於四六年，死於一二〇年，著有《列傳》（今本譯作《希臘羅馬名人傳》）五十篇，是歐洲傳記文學的開端。如果我們把普魯塔克放到中國的歷史長河裏來比較一下，可以發現，普魯塔克比班固晚生十四年，比司馬遷晚生一百九十一年。司馬遷的《史記》要比普魯塔克的《列傳》早產生幾乎兩個世紀。

《史記》無論在中國史學史還是在中國文學史上，都堪稱是一座偉大的豐碑。史學方面姑且不論，文學方面，它對古代的小說、戲劇、傳記文學、散文，都有廣泛而深遠的影響。首先，從總體上來說，《史記》作爲我國第一部以描寫人物爲中心的大規模作品，爲後代文學的發展提供了一個重要基礎和多種可能性。《史記》所寫的雖然是歷史上的實有人物，但是，通過突出人物某種主要特徵的方法，通過不同人物的對比，以及在細節方面的虛構，實際上把人物加以類型化了。在各民族早期文學中，都有這樣的現象，這是人類通過藝術手段認識自身的一種方法。衹是中國文學最初的類型化人物出現在歷史著作中，情況較爲特別。由此，《史記》爲中國文學建立了一批重要的人物原型。在後代的小說、戲劇中，所寫的帝王、英雄、俠客、官吏等各種人物形象，有不少是從《史記》的人物形象演化出來的。

在小說方面，除了人物類型，它的體裁和敘事方式也受到《史記》的顯著影響。中國傳統小說多以『傳』爲名，以人物傳記式的形式展開，具有人物傳記式的開頭和結尾，以人物生平始終爲脈絡，嚴格按時間順序展開情節，并往往有作者的直接評論，這一切重要特徵，主要是淵源於《史記》的。至於直接取材於《史記》的歷史小說，那就更不用說了。在戲劇方面，由於《史記》的故事具有強烈的戲劇性，人物性格鮮明，矛盾衝突尖銳，因而自然而然成爲後代戲劇取材的寶庫。據傅惜華《元代雜劇全目》所載，取材於《史記》的劇目就有一百八十多種。據李長之統計，在現存一百三十二種元雜劇中，有十六種采自《史記》的故事。其中包括《趙氏孤兒》這樣的具有世界影響的名作。已經失傳的類似作品，當然更多。到後來的京劇中，仍然有許多是取材於《史記》的，如衆所周知的《霸王別姬》等。在傳記文學方面，由於《史記》的紀傳體爲後代史書所繼承，由此產生了大量的歷史人物傳記。

雖然，後代史書的文學性明顯不如《史記》，但其數量浩如瀚海，如果將其中優秀傳記提取出來，也是極爲可觀的。此外，史傳以外的別傳、家傳、墓志銘等各種形式的傳記，也與《史記》所開創的傳記文學傳統有淵源關係。

《史記》固然『究天人之際，通古今之變，成一家之言』，開創了史學的種種先河，也堪稱是膾炙人口的文學佳作，但《史記》最爲耀眼的閃光點在於它的平民立場。在司馬遷的《史記》之前，所謂的歷史僅僅是王侯的發家史、光榮史、太平史。在司馬遷的《史記》裏，自以爲功高蓋世的帝王們同樣有無恥、暴戾、虛假和懦弱的一面；雖然有着種種的過失和缺點并最終自刎烏江的西楚霸王項羽不失爲頂天立地的英雄；一介布衣陳勝曾經在田間耕作，既是不折不扣的莊稼漢，也是滿懷鴻鵠之志的豪傑，正是他第一個揭竿而起反抗秦的暴政。就在正統文人對浪迹江湖的行徑嗤之以鼻的時候，司馬遷卻對荆軻、唐睢等四海漂泊的游俠們和快意恩仇的游俠精神贊譽有加、不勝神往。《史記》就是這樣以平民的立場、平民的視角、平民的情感看歷史、寫歷史、評説歷史，從而第一次給歷史以真實可親的面目，第一次給那些值得尊敬的靈魂們以尊嚴。清朝詩人宋湘曾經有句詩説『史有龍門詩少陵』，《史記》中所透出的民間精神，再現在杜甫那些憂國憂民的不朽詩作中，并成爲流傳千古的力量源泉。

《史記》的誕生，是中國文化史上的一件大事，就中國史學的具體發展而言，《史記》的貢獻巨大。第一，《史記》建立了傑出的通史體裁。《史記》是中國史學史上第一部貫通古今、網羅百代的通史名著。無論説它是古代中國史學史的最輝煌成就，還是説它是世界古代史學史的最輝煌成就，都毫不爲過。這一點，衹要將之與希羅多德的《歷史》相比較，就會非常明白。正因爲《史記》能夠會通古今撰成一書，開啓先例，樹立了榜樣，於是仿效這種體裁而脩史的也就相繼而起了。通史家風，一直影響着近現代的史學研究與寫作。第二，《史記》建立了史學的獨立地位。我國古代，史學是包含在經學範圍之內沒有自己的獨立地位的，所以史部之書在劉歆的《七略》和班固的《藝文志》裏，都是附在《春秋》的後面。自從司馬遷脩成《史記》以後，作者繼起，專門的史學著作越來越多。於是，晋朝荀勗適應新的要求，才把歷代的典籍分爲四部：甲部記六藝小學，乙部記諸子兵術，丙部記史記皇覽，丁部記詩賦圖贊。從而，史學一門，在中國學術領域裏才取得了獨立地位。飲水思源，這一功績應該歸於司馬遷和他的《史記》。第三，《史記》建立了史傳文學傳統。司馬遷的文學脩養深厚，其藝術手段特別高妙。往往某種極其複雜的事實，他都措置得非常妥帖，秩序井然，再加以視綫遠，見識高，文字生動，筆力洗練，感情充沛，信手寫來，莫不詞氣縱横，形象明快，使人『驚呼擊節，不自知其所以然』（《容齋隨筆·史記簡妙處》）。

圖書在版編目（CIP）數據

史記菁華録 /（漢）司馬遷著. -- 沈陽 ：白山出版社，2012.9

（崇賢館藏書）

ISBN 978-7-5529-0304-1

Ⅰ. ①史… Ⅱ. ①司… Ⅲ. ①中國歷史－古代史－紀傳體 Ⅳ. ①K204.2

中國版本圖書館CIP數據核字(2012)第169344號

ISBN 978-7-5529-0304-1

sdWj2

書名　史記菁華録

著作者　（漢）司馬遷 著

責任編輯　宋傑

出版發行　白山出版社

地址　沈陽市沈河區二緯路23號

郵編：110013

電話　024-28888689

電子信箱　baishan867@163.com

策劃經銷　北京崇賢館圖書有限公司

北京市西城區北三環中路甲六號

出版創意大厦七層，郵編：100120

印刷　吳橋金鼎古籍印刷廠

開本　宣紙八開

版次　二〇一二年九月第一版

二〇一二年九月第一次印刷

標書號　ISBN 978-7-5529-0304-1

定價　壹仟壹佰肆拾圓整（一函六册）